顺德全域旅游

SHUNDE ALL-FOR-ONE TOURISM

甘慕仪 主编

世界图书出版公司
广州·上海·西安·北京

图书在版编目（CIP）数据

顺德全域旅游 / 甘慕仪主编. — 广州：世界图书出版广东有限公司，2022.7

ISBN 978-7-5192-9634-6

Ⅰ. ①顺… Ⅱ. ①甘… Ⅲ. ①地方旅游业－旅游业发展－研究－顺德区 Ⅳ. ①F592.765.4

中国版本图书馆CIP数据核字（2022）第101370号

书　　名	顺德全域旅游 SHUNDE QUANYU LÜYOU
主　　编	甘慕仪
责任编辑	程　静
装帧设计	华翔广告
责任技编	刘上锦
出版发行	世界图书出版有限公司　世界图书出版广东有限公司
地　　址	广州市海珠区新港西路大江冲25号
邮　　编	510300
电　　话	020-84453623　84184026
网　　址	http: //www.gdst.com.cn/
邮　　箱	wpc_gdst@163.com
经　　销	各地新华书店
印　　刷	广州市迪桦彩印有限公司
开　　本	787mm×1 092mm 1/16
印　　张	14.75
字　　数	199千字
版　　次	2022年7月第1版　2022年7月第1次印刷
国际书号	ISBN 978-7-5192-9634-6
定　　价	68.00元

咨询、投稿：020-84451258　gdstchj@126.com

《顺德全域旅游》编委会

主　　编：甘慕仪

编　　著：李健明

前 言

1

顺德值得欣赏与品味的风景与美食俯仰可拾。它们如同顺德人的性格——内敛、低调、深藏不露，常因担心深受注目而打扰他们从未停下的前进步伐，或正在共享的良辰美景。因而，它们更愿意隐藏于河涌小巷深处，化作寻常人家的日常，让人难寻其踪影。

因此，全方位认识顺德，需要耐心，更需要引导。

人们常因沉迷于顺德的美食而无暇欣赏那幽淡的乡土、清雅的美景、深沉的思想与宏博的襟怀，自然难有空余去揭开重重帷幕，目睹那万水千山、亭台楼榭、铁马金戈、渔火霜钟。

只在此山中，云深不知处。

顺德的大美，正是如此。顺德人素来将生活与事业、艺术与人生、文化与产业融为一体，如同在西山庙拜祭关帝后去品尝一碗双皮奶，在田头拔一把青菜后在江边吊挂一排鲮鱼。看似寻常无奇的生活与日常，实则隐藏着顺德人崇商、重利、守义、尚信的民风民俗；正如入选世界灌溉工程遗产名录的桑园围，它为近千年岭南文化的发展奠定深厚基础，让人感受到那宁静的古庙与沉默的堤围背后的信仰、风俗、思想和社会变迁。

人们难以走近看似寻常无奇的水岸江边、曲巷深涌，去领略那历代顺德人精心营造的内心世界与产业空间。因此，一本引领人们全方位认识顺德不同领域迷人之处的读物的出现正当其时。

2

作为昔日的农耕重地、农商要津，40年来的“家电王国”与“家具重镇”，顺德人在农耕岁月建起古寺旧祠、拱桥水埠，打造出桑基鱼塘、花木产业、缫丝产业。他们在新时代不断拓展空间，留下从传统到现代裂变过程中的瑰丽构想与思想轨迹，更化作今天令人赞叹的工业遗址、商业平台、产业空间。这既让人们重新定义现代城市风景的概念，引导人们去欣赏传统审美中的双桥落彩虹、桃花扇底风；又以现代文化角度去解读产业景观背后的商业逻辑与文化结构，引导人们全方位理解广府地区传统与现代、守正与创新、激情与冷静相交融背后的文化支撑与理念突破。

因此，编写一份让世人全面而客观地理解顺德的文本成为时代需求。

3

顺德是“世界美食之都”“中国家电之都”，更拥有“中国家具商贸之都”“中国家具电子商贸之都”“中国家具制造重镇”“中国家具材料之都”等国家级品牌。它所涵盖的产业资源与文化价值，早已走出传统的文化艺术范畴，正以现代社会多元融合的状态构成一个区域的新景致。

作为一个资源丰富的旅游目的地，顺德拥有大量不为人知、尚未深度挖掘的旅游资源，其脉络无不直接指向中国近代风云激荡的大历史，更指向影响近代中国走向的重要事件与人物。若能通过科学规划、系统布局、服务优化、有效引导、高效推广，将分散各处的景点、人物、事件连同国家历史脉络与现代旅游产业相融合，则可形成全新而多功能的旅游资源。同时，通过多部门组合，令顺德旅游景点从门票经济走向旅游产业经济，从原生态分布向精细化管理推进，从景点独享向社会共享迈进，不断朝着地方景点内涵丰富加深的方向挺进。

4

近年，顺德积极创建广东省全域旅游示范区。顺德职业技术学院酒店与旅游管理学院负责编著《顺德全域旅游》一书，全书通过工业、农业、商业、文化旅游、美食等五个角度，全方位展现顺德各处的遗迹旧址、风景名胜和美食佳肴；通过文字与图片相融合的形式，提纲挈领地呈现深藏顺德各处却值得向人们介绍的文化旅游资源；通过叙述引领人们走进顺德，走进顺德文化与历史，去更深入认知这片土地，以及隐藏于更深处的人文情怀与不为人知的智慧，为顺德深化全域旅游奠定基础。

目 录

第一章 工业篇 / 卢小冰

第二章 农业篇 / 韩建纯

第二章 商业篇 / 方晓维

第四章 文化旅游篇／张凤娟

第五章 美食篇 / 劳联英

第一章

01

工 业 篇

第一节
工业概况

回溯顺德的工业发展史，可窥见千百年来顺德工业从手工、半手工到自动化、智能化的技术变革，梳理出顺德工业从模仿、引进、创新到转型升级的发展主线，可看到中国经济飞速发展的侧影，更可发现中国人民生活水平不断提高的历程。

得天独厚的地理区位优势和历史悠久的海洋文明，孕育出顺德人浓厚的商业意识和顺德早期工业发展萌芽。

顺德人通过水运，将农产品、生丝、手工制品运往四方，形成密集的商贸流通网络

明清时期，顺德已发展出缫丝、丝织、晒莨、刺绣、食品、酿酒、梳篦、木刻、毛巾、爆竹、竹木铁农具、船艇、风炉、锡箔、纸加工等手工业、工业业态。及至清末民初，乘国际工业大发展东风，本地缫丝业、制糖业、机械制造业得以发展，同时催生蓬勃的圩市贸易、水运埠头与钱庄银号，造就“一船蚕丝去，一船白银返”的繁荣景象，也成就顺德“南国丝都”“广东银行”的重要经济地位。

早年人们就是靠肩扛、车辆运送本地和各地产品进行贸易（南兴天虹果仁制品有限公司供图）

中华人民共和国成立后，顺德县人民政府[①]确立“发展生产，繁荣经济，城乡互动，内外交流”的发展方针。顺德一方面巩固发展国有工业企业，稳定社会基础；另一方面加快发展社队企业[②]，围绕农业大发展推进工业合作化，为当时千疮百孔的基础建设和民生发展提供有力的经济支撑。

改革开放后，顺德解放思想、敢为人先、勇立潮头，率先引进全国第一批“三来一补”企业——大进制衣厂。随后，顺德通过合资、合作等方式陆续兴办多家三资企业。

---

① 1950 年 3 月 20 日，顺德县人民政府成立。1992 年，顺德撤县设市。2003 年，顺德并入佛山市，成为佛山市辖区。

② 在农业合作化和集体化过程中，由农村人民公社和生产队兴办的集体所有制企业。

与此同时，顺德县人民政府及时把握国家经济转型的风向标，提出“以镇办骨干企业为主、以集体经营为主、以发展工业为主”的大政方针，并把本地支柱产业及时从“两机一家”调整为“两家一花”，由重工业转为轻工业。

20世纪80年代以来，顺德乡镇企业得以蓬勃发展，催生全国第一台双门冰箱、全国第一台家用消毒碗柜、全国第一台座钟式鸿运扇等新产品。新产品的投产和畅销，取得全国十大乡镇企业中顺德独占一半的辉煌成就，打造出18个全国知名品牌，在全国树立起“顺德制造”的集体品牌，使工业在顺德经济发展中占有举足轻重的地位。

进入21世纪，顺德制造业进入高质量发展阶段。它从传统走向现代，从劳动密集型走向科技引领型，产业结构不断优化升级，逐步形成家用电器、机械装备、电子通信、纺织服装、精细化工、家具制造、印刷包装、生物医药等八大支柱产业，构筑起具有全国影响力的产业集群，培育出大批龙头企业，获“中国家电之都”“中国涂料之乡”“中国家具制造重镇”等国家级荣誉称号，奠定“顺德制造，中国骄傲”的地位。

2015年5月，国务院正式颁布《中国制造2025》（国发〔2015〕28号）。顺德制造业提前布局，加快科技创新，推动传统产业升级改造。同时，与国际接轨，推动工业设计、机器人生产等战略新兴产业蓬勃发展，为产业转型构筑坚实的底座，促进产业转型升级，实现工业生产的数字化、网络化、智能化转型，围绕产业升级，坚定迈向高质量发展的道路。美的集团股份有限公司（简称“美的集团”）两度获世界“灯塔工厂”[①]的称号。这是顺德智能制造的里程碑，为众多顺德企业坚定智能制造方向树立起耀眼的明灯。

① 由世界经济论坛（The world economic forum, WEF）和麦肯锡咨询公司（Mckinsey company）共同选出的数字化制造与全球化 4.0 示范者，拥有足够的科技含量与创新性的“世界上最先进的工厂”。

顺德工业发展馆

顺德工业发展馆位于德胜河南岸，外形酷似“飞机发动机”，全景式呈现顺德波澜壮阔的百年工业进程——从缫丝业、制糖业独领风骚到“两家一花”、八大支柱产业享誉全国；从代工贴牌到自主品牌；从传统制造到智能制造；从出口世界到创新全球化。

顺德工业发展馆设置顺德工业荣耀展区、顺德工业发展历史展区、顺德现代工业目录展区、顺德工业高质量发展探索展区、顺德工业互动科普展区等五大展区，以时间、产业、城市、科普为主线，以近2000张图片资料、15个精彩视频、300多套工业展品让观众读懂顺德制造、见证中国骄傲。

顺德工业发展馆总建筑面积为6000多平方米，共有6层。其中，2—5层为展区，展览面积为4000多平方米。

顺德工业发展馆全面呈现顺德近代以来的工业历程

在顺德工业发展历史展区，顺德丝厂使用过的同款立式缫丝机再现“南国丝都”“一船蚕丝去，一船白银返”的盛景；“糖厂记忆”利用实景模型与全息成像，还原顺德糖厂作为中国第一批机械化甘蔗制糖企业的昔日制造盛况。

馆内可看到顺德制造创下的多个中国或世界第一：薛广森（1865—1943）发明中国第一台柴油机；潘宁等人用锤子敲打出中国第一台双门双温电冰箱；罗小甲研制出全球第一台消毒碗柜等。“创新之巅”空间陈列24件“顺德第一”展品。

“荣耀殿堂”影像空间记录薛广森、岑国华等10位实业先驱，何享健、梁庆德等17位产业巨子，以及黄兵、黄醒民等19位大工匠的故事。

300多套顺德工业展品琳琅满目，由箭牌卫浴、云米家电、东泰五金等高端智慧产品集成生活样板间展示智慧家居的场景。机器人大世界、工业科普电容墙、5G赋能下的互联网应用产品，让人感受到未来工业的神奇与奥秘。

“顺德质量”板块显示出顺德国际标准数量居广东省县级行政区划之首，组织制定联盟标准95项、团体标准31项，主导或参与制定国际/国家/行业/地方标准950项。

三楼“产业矩阵 创新引领”以产业为目录，展示顺德家电、机械装备、珠宝、生物医药等十大产业的发展和成果，还有琳琅满目的家电灯饰、机械设备、珠宝首饰、现代家具，以及由顺德艺术涂料所绘制的梵高名画《星空》。

第二节
工业为本

在顺德经济发展的历程中，工业一直占据重要地位，对地方经济发展贡献卓著。

一、历史的辉煌——缫丝业

顺德初具规模的缫丝业始于明代。当时，顺德人种桑养蚕，挖塘养鱼，蚕沙饲鱼，塘泥肥桑。桑基鱼塘的独特农业结构逐步形成，推动缫丝业蓬勃发展。缫丝业在顺德经济发展中的地位举足轻重。

桑树成为顺德缫丝业源头

种桑养蚕成为顺德经济崛起的序幕

明代手工缫丝产品已开始商品化。明万历年间（1573—1620），大良至陈村一带的蚕丝业在顺德产业结构中排名第二。《顺德县志》的记载为“多桑”。明崇祯十五年（1642），全顺德桑地面积近60000亩。

清早期，生丝生产进一步发展，出口量日渐增长。

清乾隆二十四年（1759），广州成为全国唯一对外贸易口岸，外商云集广州采购生丝和丝织品。同时，国际丝价不断上涨，“古丝久倍寻常价，父老休谈少壮年”，人们纷纷废稻种桑，顺德缫丝业蓬勃发展。顺德人张臣的《竹枝词》写道：“呼郎早趁大冈墟，妾理蚕缫已满车。记问洋船曾到几，近来丝价竟何如？”可见缫丝业与国际贸易已渗透到顺德乡村。

清同治十三年（1874），龙山乡开办全县第一家机械缫丝厂——利源兴机械缫丝厂[①]。此后，大良北关的怡和昌、大良的顺成昌、大门的永昌泰栈、容奇的协三才、杨滘的永贞祥等机械缫丝厂相继开办。机械缫丝业进入繁盛时期。清宣统三年（1911），顺德县内机械缫丝厂已达142家，生丝产量达3.5万担（约1750吨）。

① 参见民国时期温肃主持修撰的《龙山乡志》（卷三）。

民国时期，顺德共有机械缫丝厂135家，约占全省81%。机械缫丝厂的设备大多为广府地区制造：蒸汽发动机出自乐从；蒸汽锅炉出自广州城区；缫丝釜出自番禺。这些地方为顺德机械制造业的发展提供了大片沃土。岑国华等大批顺德商人活跃在珠三角地区蚕丝的生产、运输、出口及工厂、商店的资金往来等领域。因此，时人认为顺德的丝业是广东商业命脉，而执商界牛耳的是顺德商人。

顺德所产的丝织品种类丰富。明代，龙山出产的象眼绸品牌（玉阶、柳叶）丝织品被列为广东贡品。19世纪90年代，以伦教一带为中心的纱绸纺织业逐渐进入手工业阶段。清代产品主要有象眼绸、绸（白坯绸）、香云纱、点梅纱、纺绸、绉纱、素绸、茧绸、棉纱等，其中以白坯绸为大宗。民国时期，纱绸有万字纱、方巾、点梅、葛地、香云纱、黑胶绸等。

历经全球经济危机、日军侵华、内战，顺德缫丝业颓势难以挽回。20世纪50年代，顺德缫丝业稍有复苏，先后组建地方国营水藤丝厂、龙江丝厂、

中华人民共和国成立后的顺德丝厂女工（来源：顺德区档案馆）

全方位展现顺德缫丝历史和各种产品的“南国丝都”丝绸博物馆

容里丝厂、健德缫丝厂、国营顺德丝厂等。国营顺德丝厂引入现代化生产技术，成为省内首家生产高级生丝的示范厂。至1957年，全县共有大型缫丝厂11家，生丝产量占全省90%以上。

至20世纪80年代，顺德蚕丝业逐步停顿，但仍可从“南国丝都”丝绸博物馆、伦教香云纱博物馆中了解顺德缫丝业曾经的辉煌。

“南国丝都”

“南国丝都”丝绸博物馆是广东省首家民营丝绸博物馆，位于大良街道观绿路。它通过打造的场景，再现顺德桑基鱼塘的生态景观，保留“南国丝都”辉煌的历史记忆，展示顺德制造的源头——丝绸产业从明代到现代走过的历程。

“南国丝都”丝绸博物馆于2007年9月对外开放，总占地面积超3万平方米。馆内设有博物馆区、文化休闲区、农耕休闲区，分为丝绸文史馆、养蚕馆、纺织工业馆、岭南文化馆、丝绸精品陈列室。

馆内陈列大量图片、文字、标本和古代设备、设施、工具、物品、服饰，以及丰富的丝绸精品。参观者可亲自体验摘桑、养蚕、缫丝剥茧、织布、染布等活动。

二、适时的转型——制糖业

顺德制糖业最早可追溯至明代。20世纪30年代初期，由于蚕丝业逐渐衰落，许多农民弃桑种蔗，采用木辘或石辘，以人力或牛力推磨榨蔗制糖。

1929年，广东省政府为加强经济实力，提出“糖业救国”，确定糖业为发展工业龙头，并大力兴办新式糖厂。1934年，顺德糖厂落成，位于大良霞村（今大良沙头），占地面积13万平方米，从总部位于今捷克的斯柯达公司引进全套制糖设备，日榨甘蔗约1000吨，年产糖约1万吨，为当时省内六大糖厂和国内第一批现代化的甘蔗糖厂之一。

适逢全球经济危机，顺德丝业遭受沉重打击，昔日的支柱产业难以支撑整个县的经济运作。顺德农民弃桑种蔗，提升亩产值，为糖厂企业的发展提供充足的原材料。

桂洲居记、道教益农、劳村公平等一批私营糖厂纷纷开办。同时，多家丝厂也转向制糖。

人们从缫丝业转向制糖业，顺德经济进入新的发展阶段（来源：顺德区档案馆）

糖厂车间（陈炳辉 摄）

糖厂车间（陈炳辉 摄）

1947年，全省共52家民营糖厂，其中顺德占50家。糖厂技术上先后采用压榨机、蒸汽机、内燃机等机器代替人力、牛力。

《顺德县志》（1996）记载：“人民政府接管县内大部分糖厂，进行民主改革和所有制改造，逐步纳入国营经济，大厂不断改造扩大，小厂逐步合并，向中型企业发展，实现机械化定型配套。同时，成立县蔗糖办公室，制订统一甘蔗收购价格和奖售政策，协调糖厂与蔗农生产季节的安排，推广优良蔗种。”

顺德糖厂生产能力也逐步提升，1950年日榨能力超1000吨，首次突破设计能力；1975年扩建设备，日榨能力达到4500吨；1985年日榨能力达到6000吨，与梅山（今属广州市南沙区）、中山的糖厂并列全国之首。顺德糖厂著名产品“榴花牌”方糖、“银花牌”白砂糖家喻户晓，同时，综合利用生产凸版纸、甘油、糠醛、酒精、蜡光纸等产品。

顺德制糖工业不仅在广东举足轻重，且蜚声海外。1961年后，国家抽调制糖专家、工程技术人员共21批134人次，派往越南、马里、缅甸、几内亚、坦桑尼亚、马达加斯加、扎伊尔等国家工作，支援建设糖厂，并为越南、巴基斯坦培训技术骨干。

1949年后，作为国营大企业的顺德糖厂在居住条件与生活设施上均领先于当地企业平均水平。糖厂内部还配套一系列服务设施，如食堂、招待所、影剧院、舞厅、运动场、图书馆、医务所、托儿所、学校、储蓄所、商业街、菜市场、公园、交通车等。在当时顺德，糖厂人的生活为民众所向往。

1993年，顺德糖厂正式停产。它见证了顺德近现代工业发展，是顺德民族制造业的代表，承载着重要的历史文化信息，代表当时中国的制糖水平与技术，是中国制糖业发展的缩影。同时，厂址内遗留的大量机械工具、厂房等有形的实物成为展示历史的载体。

顺德糖厂作为标志性的工业遗产，于2013年5月入选全国第七批重点文物保护单位。顺德糖厂的历史使命由工业转为文化领域。

2019年，大良德胜河北岸片区改造签约暨顺德糖厂项目启动仪式在顺德糖厂内举办。依托德胜河北岸片区改造，顺德糖厂这一广东近代工业“活化石”得到“重生”，再度展示顺德工业文明的光辉。

顺德糖厂片区占地约550亩。为更好地对顺德糖厂历史建筑进行保护和活化，改善、提升周边环境，顺德糖厂片区将实施历史文化保护类及拆除重

顺德糖厂（陈炳辉 摄）

建类（二改三）等为主的城市更新措施，涉及文物保护、商业、居住等3个改造片区。同时，尽可能保留核心区及建设控制地带内结构较好的原有厂房建筑，将其改造成本土工业博物馆、资料馆、展览馆等设施。顺德糖厂亦将承载着顺德人甜蜜的记忆，发展文化创意产业，打造顺德的文化创意产业基地。

三、乡土的味道——酿酒业

古籍《粤东闻见录》述及，宋代官方对酒业控制严格，禁止百姓及各级官吏酿酒售卖，但因岭南有烟瘴，瘴毒对民众危害甚大，故对岭南实行优惠政策，允许民间酿酒抵御瘴毒，导致岭南酿酒成风。

顺德地处北江、西江汇聚处，境内河流纵横；土地肥沃，盛产大米等各种粮食；顺峰山、凤凰岗、锦屏山、青云山等大小峰峦密布，独特的地理条件形成天然的微生物菌群。

得益于天时地利，到明清时期，顺德酿酒业的发展进入鼎盛时期。各乡村均办有酿酒作坊，其中以龙山、龙江、陈村、伦教羊额最为发达。

陈村酿酒闻名远近。《广东新语》卷二记载："顺德水乡陈村，其水虽通海湖，而味淡有力，绍兴人以为似鉴湖之水也，移家就之，取作高头豆酒，岁可售数万瓮。他处酤家亦率来取水，以舟载之而归。"

《龙山乡志》记载："酒，龙江久出名，实以龙山为最，其味浓而香，盖水为之也。"当时的龙江旧烧酒运至广州，加工制成各种色酒。《广东新语》记载："广州所常用者，惟龙江烧，细瓶而陈者，以诸鲜花投其中，封缸两月，加沉香四两，以发群芳之气，名百花酒，一名百末酒。"

清代后期，龙江有酒庄52家，较有名的有万安、良乡栈、昌利、公源、信兴、民栈、宜昌、万和栈、阜昌等，产品远销东南亚等地。

民国时期，龙江米酒仍很有名。据1929年11月6日《华侨日报》报道："龙江、龙山自酿香醇旧米酒，酒味香醇堪称独一无二，酒种佳、米力厚、泉水清、字口（酒度）高，酿成之酒自然与别不同。”

清末民初，顺德酒庄林立，竞争渐趋激烈。为招揽生意，德丰酒庄、裕兴隆率先尝试加入独特且营养丰富的赤米（红米）酿酒，搭配传统酒饼，酿造出豉味浓郁、米香四溢的红米酒，广受欢迎。

20世纪50年代，裕兴隆、荫福祥、和丰、德丰等20多个顺德酒庄经公私合营后并入国营的顺德酒厂。“大跃进”时期，由于粮食紧缺，酒厂原料不足，曾利用蔗渣和野生资源酿酒，成为广东酿酒史上闻名的“三头两核”（即金刚头、黄狗头、木茨头、荔枝核、龙眼核）时期。

1981年，龙江兴办顺德啤酒厂，引进国内第一条具有20世纪80年代国际先进水平的西德[①]包装灌注生产线，年产 1 万吨，称“生力啤”，规模居省内第二。1988年，成立龙江啤酒厂，所产“龙啤”获省级优质产品奖。

1987年，“红荔红米酒”在顺德酒厂横空出世，并于1993年被评为广东省食品行业名牌产品。同年，顺德酒厂经过转制，成立广东顺德酒厂有限公

顺德啤酒厂（李子雄供图）

① 德意志联邦共和国，成立于 1949 年 5 月 23 日，1990 年 10 月 3 日与德意志民主共和国（东德）统一，即今日的德国。

司。2012年，顺德红米酒获评“广东名酒”，其酿造技艺于2019年入选市级非物质文化遗产名录。

从一粒米的种植到每一滴酒的酿造，红荔红米酒全程历经300多道工序、1000多个日夜陶缸陈藏。每一瓶“红荔红米酒”，不只是水米交融的精心酿造，更是极致匠心的百年传承。2021年9月，“顺德红米酒”正式获批成为中国地理标志保护产品，为中国名酒版图再添醉人一笔。

顺德红米酒传统酿造所用酒曲以大米、黄豆为主要原料，煮熟后加入曲种，拌匀，压制成型，挂于棚架上培养而成。酿造过程需要控制好温度、湿度。

广东顺德酒厂有限公司及其展馆

广东顺德酒厂有限公司成立于1953年，源于明末清初民间酒庄。原厂于桂洲倚溪（桂洲涌）而建，原名“中国专卖事业公司广东省公司酒类加工厂”，是著名的“中华老字号”专业酿酒企业、中国豉香型白酒产业基地品质企业、中国保健酒联盟企业。

1956年转为地方国营企业，改为国营的顺德酒厂。1957年迁至顺德大良沙头街德胜河北岸，与容奇和马岗隔河相望。

2014年12月12日在大良五沙工业园重建，总投资约4.9亿元，占地面积120亩，于2019年5月正式投产。

公司主要生产白酒（豉香、米香、浓香、酱香等）、果露酒（包括保健酒）、发酵酒等，产品销售覆盖广东、海南、广西、江西、浙江、湖南、福建、江苏及港澳等地区。

公司各类饮料、酒年产能达10万吨，先后获得“中国白酒工业百强企业”“广东省百强民营企业”“广东知名品牌”等多个国家级和省级称号，曾连续多年成为顺德十大纳税企业。

多年来，公司大力投入健康白酒、营养发酵酒、中高档酒的研发，

早年的顺德酒厂（广东顺德酒厂有限公司供图）

20世纪70年代的顺德酒厂（广东顺德酒厂有限公司供图）

满足不同消费需求。其中拳头产品顺德红米酒、“凤城液”先后获得“广东名酒”称号，“凤城液”在1983年更是成为广东省人民政府商务公务外宾接待用酒。2008年，顺德酒厂“红荔”被行政认定为“中国

顺德红米酒是中国人认识岭南酒文化的重要途径（广东顺德酒厂有限公司供图）

驰名商标”；2011年被认定为“中华老字号”。顺德红米酒酿造技艺在2019年正式列入市级非物质文化遗产名录；2021年成为“国家地理标志保护产品”。

公司内设展馆——顺德酒之馆，是广东顺德酒厂有限公司为弘扬顺德酒文化而筹建，是顺德酒文化与本土文化相融合的呈现，是对中国酒文化历史的记录与珍藏。

顺德酒之馆以酒之源、酒之发展、酒之礼俗等主题，展示顺德酿酒业的概貌及酒与人文的充分融合。

2019年起，顺德酒之馆对外开展工业体验游览，两年间共接待社会团体、消费者团体、学生团体参观活动累计超400场，共20000多人次。

四、现代工业的基础——机械制造业

回顾近代工业发展史，机械装备的发展从来都是围绕产业发展而生，也是工业的根基所在，顺德也不例外。

19世纪末，随着顺德机械缫丝业的迅速发展，机械需求量大增，顺德的大良、容奇、乐从等地先后出现仿制洋式蒸汽发动机的生产厂家，并逐渐发展成缫丝机械的重要供应地。

广东著名企业家、中国第一台国产柴油机发明者龙江人薛广森开设的大良顺成隆机械厂、乐从顺栈机械厂就是早期本地有名的机械厂。民国时期，随着丝、糖业的兴旺，机械修造业进一步发展，机械厂陆续增加，主要经营各类机械零配件加工、机械维修业务。1949年，全县机械制造及修理企业已有274家。

中华人民共和国成立初期，围绕农业大发展，顺德也开展各种农用机械探索。县农械厂批量生产压榨机、统糠机、碾米机、饲料打浆机、饲料粉碎机、人工降雨机、农用水泵等农用机械，发展成为初具规模的农具机械厂。

同时，一些国营、乡镇企业也开始农用机械的维修、生产。

民国时期，薛广森等在广州开设的机械制造厂延伸到顺德

改革开放后，国家对产业政策进行重大调整，顺德顺应时势，依托高速发展的家电、家具、电子、五金等行业载体，推动机械装备各细分领域的行业集聚发展，逐步建立起具有自身特色的电气机械及设备行业、建材机械行业、塑料机械行业、锻压机械行业、木工机械行业、交通机械行业、节能环保和新能源设备行业、印刷包装机械行业、模具行业、汽配行业等10个优势的现代装备制造业产业群，涌现出科达洁能、伊之密精密机械、美芝制冷设备、威灵电机、精艺金属、顺特电气等一批综合实力强的龙头企业，并形成伦教木工及玻璃机械集群区、陈村压力及陶瓷机械集群区、容桂及大良塑料机械集群区、勒流交通机械集群区等四大机械装备制造集群区。

20世纪70年代的裕华风扇厂（来源：顺德区档案馆）

机械装备制造业成为顺德仅次于家电制造业的第二大支柱产业。近年，顺德紧抓广东省打造珠江西岸先进装备制造产业带的战略机遇，推动先进装备业的高端发展，机器人产业快速集聚。

引人注目的伊之密精密机械（伊之密精密机械股份有限公司供图）

细分领域：伦教木工机械制造业简介

20世纪70年代，伦教木器社为解决木工匠人现场劳作的困难，自行设计出深具平刨、压刨、锯解功能的木工多用机床。这种创新既是伦教木工机械制造业的启蒙，又是中国木工机械行业在80年代长足发展的前奏。此后30年间，借助周边家具行业的兴旺，伦教的木工机械企业不断增加，政府也大力助推行业发展。1997年成立的伦教木工机械商会是国内同行业第一家地区性商会。1998年3月，伦教镇人民政府协同商会组织企业参加国内外木工机械展，让大家“望洋兴叹”的同时增加强烈的危机感和紧迫感。同年，伦教开始举办一年一度的国际木工机械（顺德）展览会，“名优汇顺德，群英竞风流”。此后，该展览每年如期举办，规模日增。伦教成为国内木工机械的主要集聚地之一，也成为“中国木工机械重镇”。

五、美好生活的开端——家具制造业

早期顺德的家具制造主要为竹、木、藤制品。

1977年，龙江陈涌人黎君刚开办龙江第一家村级家具厂——陈涌家具厂，以从澳门买回来的沙发为样板，开启顺德家具生产和销售的巨大产业篇章。

20世纪80年代初，人民生活水平大幅提升，开始追求柔软舒适、设计精致的西式家具。龙江、乐从专业户纷纷把厂迁到广湛公路两旁，采取前店后厂的经营方式，开发生产出钢木家具、仿皮沙发、真皮沙发、席梦思床垫、轻金属橱柜、红木家具、塑料家具、聚酯家具等新颖的家具款式。

在产业发展过程中，由于分工需要，生产与销售在客观上要求分离，家具生产与销售都向特定的区位集中。销售主要向交通便利的325国道两侧扎

陈涌木器家具厂（李子雄供图）

经过几十年发展已成为家具产业集聚区的龙江（李子雄 摄）

堆集聚，逐渐形成延绵11千米、国内规模最大的乐从—龙江国际家具城。家具生产则集中于附近龙江的涌口、仙塘、华西、陈涌、排沙、旺岗等地，以及乐从的水藤、沙边、罗沙、大闸、新隆、杨滘、沙滘等地。

随着市场的成熟，加上政府的扶持，顺德家具业通过长期的发展积累下深厚产业基础，带动了周边产业发展，形成龙江原辅材料及家具生产、容桂家具涂料、勒流五金配件、伦教木工机械、乐从家具销售的产业联动，发展为完善的家具产业集群。龙江获得“中国家具制造重镇”“中国家具材料之都”“中国家具电子商务之都”等殊荣，是全国规模最大的原材料生产和集散地，拥有亚洲国际家具材料城、豪俊家具装饰材料城、龙山材料市场和亚太木业城四大材料销售市场，支撑起顺德家具产业链条的上游部分。龙江的家具生产、勒流的五金配件、伦教的木工机械则是顺德家具产业强大的中游产业链。仅龙江就拥有3000多家家具制造企业。

“顺德勒流五金创新小镇” 2018年入选省级特色小镇创建对象入库名单，打造全球家居五金全产业链制造中心。伦教获“中国木工机械先进制造和国际贸易创新示范区”称号。乐从的家具销售形成顺德家具业下游产业链。乐从拥有“中国家具商贸之都”之称，获广东省家具国际采购中心的认定。十里家私商贸街和罗浮宫家具城展销各类家具数万件，在世界家具业拥有广泛影响力，被称为“永不落幕的国际家具博览会”，与每年举办的“龙”家具展和顺德家具展览会构成国内深具影响力的家具商贸平台。

顺德家具风靡远近。广东家具生产占全国家具生产制造半壁江山，顺德占全国30%。顺德拥有建筑涂料、家具漆、木器漆等20多个门类，上万个品种，全国涂料10%产自顺德。

随着互联网经济不断发展，顺德家具销售也积极转型，拓展线上渠道，开展网络直播，参与电商平台的各项促销活动。2017年，乐从、龙江的淘宝村就分别有15个和10个，大部分跟家具销售相关。2020年，顺德在淘宝县排行榜中位列第22，乐从镇水藤村是直播50强淘宝村。

六、集体品牌的造就——家电制造业

改革开放以来，顺德坚持工业立市，顺德企业凭借敢闯敢试的精神、不破不立的勇气，敏锐地把握市场先机，对家电市场深耕细作，创造出一个又一个传奇。

顺德家电制造业不仅成为佛山市经济的重要支柱，且在全国占有举足轻重地位。顺德成为中国最大的家电生产基地，连续多年稳坐“中国家电之都”的宝座。

20世纪70年代中期，顺德开始试制和小批量生产风扇产品。1978年，国家对机械工业进行调整，顺德各农机厂、机械厂纷纷及时把握市场供求动向，利用原有厂房、设备、技术，逐步发展轻型日用消费品——家用电器。

1979年1月，顺德桂洲柴油机配件厂传来喜讯：该厂成功试制一台吊式电风扇，并在第二年实现量产，开始出口创汇。接着，更多乡镇企业瞄准这个新产品。1980年，北滘公社电器厂（美的集团前身）成功生产出第一台台式电风扇；1984年，裕华风扇厂首创国内第一台DF-250导风格栅10英寸

（25.4厘米）座钟式鸿运扇（塑料风扇），翌年产量上升到125万台。顺德生产电风扇以质量优、价格廉、品种多、款式新取胜，1985年产量超800万台，占全国总产量20.6%。

此后，顺德家电企业大规模引进国外先进技术设备，扩大生产规模，电风扇、电冰箱、空调器、电饭锅、消毒碗柜等家电产品不断开发、量产。一个个令人津津乐道的商业故事不断涌现。

1983年9月，此前在容奇镇工业与交通办公室工作的潘宁在一个简易工棚里带领工人们用锤子、锉子敲打出中国第一台双门双温电冰箱。这就是容声冰箱的由来。在顺德杏坛铁工厂工作的罗小甲凭借敏锐的市场洞察力，研发出全世界第一台电子消毒碗柜，命名为“康宝”。由此，电子消毒碗柜成为世界家电业的一个全新原创。从事羽绒服制作的梁德庆1991年在日本旅游时在超市里第一次看到微波炉这种新奇的家电。回国后，在其他人不解的目光中，年过五旬的他毅然决定带领企业转型，进入微波炉领域。多年后，其创立的广东格兰仕集团有限公司（简称“格兰仕”）成为全球微波炉行业霸主。

1991年全国十大乡镇企业中，顺德占5家，全部为家电企业，即广东珠江冰箱厂、蚬华风扇厂、华英风扇厂、广东电饭煲厂、美的风扇厂。全县国家优质产品11个，其中日用电器占5个。风扇、电饭锅产量占全国总产量的1/4，容声牌电冰箱、华宝牌分体式空调器、康宝牌电子消毒碗柜产销量均居全国同行业之首。

20世纪90年代初，家电行业竞争激烈，新一轮改革在顺德家电行业中悄然启动。政府推行企业体制改革，实现政企分开、政资分离，使企业能更灵活地适应市场规律，充分自主经营。

1992年，广东万家乐燃气具有限公司试行股份制。1993年9月，美的集团股份有限公司向社会发行股票，成为全国第一家上市的乡镇企业。

进入21世纪，家电行业被确立为顺德八大支柱产业之一。顺德家电企业也适应高质量发展的要求，从生产到经营主动追求变革，开展技术革新，从传统生产迈向智能制造。

广东新宝电器股份有限公司2017年投入超500台机器人生产，人均产量比2013年增加40%以上。美的集团空调广州工厂及微波炉顺德工厂两度跻身代表世界智能制造巅峰水平的“灯塔工厂”。同时，成立美云智数科技有限公司，率先对接工业互联网，实现小批量、多品种柔性生产。

老牌企业自我革命，新生代在互联网、物联网等技术和商业模式下加速崛起。成立于2006年的小熊电器股份有限公司专注研究消费升级。创立于2014年的云米科技在美国挂牌上市，全球“家庭物联网第一股”正式诞生。

“顺德家电”这4个字不仅指向一个产业，指向一件件具体的产品，而且体现出顺德人敢为人先、勇立潮头的精神和思想。

七、健康医疗的保障——制药业

从清代一直发展到现代的华天宝药业有限公司（张健仪供图）

明清时期，顺德医疗条件相对落后，县人治病主要通过自行服用山草药或到药堂问诊购药，因此催生民间制药作坊。

清末民初，中西文化交往蓬勃兴起，顺德人既掌握传统中药，也在学习现代西药。清光绪三十四年（1908），勒流黄连老中医阮盛祥开办华天宝药行（广东华天宝药业有限公司前身），并制作止咳丸、发冷丸等中成药。1928年，顺德人梁润之在新加坡创立梁介福药业，使用一个德国配方生产“斧标”驱风油。

20世纪40年代初期，华天宝药行的特效烂耳散、龟鹿保肾丸、保婴丹、宁神丸等疗效显著，在港澳和珠三角地区为各家必备，被列入1987年广东省卫生厅编的《广东省药品标准》。同时期，容奇的何大中眼散、西鸣堂跌打药酒等，亦行销国内及东南亚一带。

1958年，容奇的何大中等个体户组织成立容奇制药厂；1960年与西鸣堂合并，改名“西鸣堂药厂”。

1961年，龙江开办龙灵堂制药厂，次年投产，生产丸剂、药酒等，其中乌鸡白凤丸、生化汤丸、蚕蛾丸最畅销，年产值500多万元。1965年，北滘碧江办起中药加工厂。1968年，县“五七干校”在顺峰山农场办起制药厂，

20世纪90年代的华天宝药厂（张健仪供图）

广东华润顺峰药业有限公司

次年改名“顺峰制药厂”，迁址至大良南郊金桔咀。产品主要有西药片剂、胶囊剂、溶液剂等10余种。1972—1974年，先后推出人参果冲剂、蚕蛾公补酒、风油精、蚕蛾公补丸等。1975年，蚕蛾公补酒出口新加坡、马来西亚、泰国等地，在马来西亚销售的300多种中国酒中销量居第一，年出口超100吨。

1970年，容奇粉面饲料厂兼产叶绿素产品，1978年产量37吨。同年转产加工夏桑菊半成品，运至广州星群制药厂制成产品，年产2000—7000吨。

1986年和1988年，顺峰制药厂相继推出国内首创的皮康霜和恩肤霜等拳头产品。自1987年起，勒流中药厂（即华天宝药厂）在保持传统工艺的基础上致力于剂型改革，并投资170万元建成具有现代化水平、省内规模较大的中药提取浓缩车间，逐渐发展为技术密集型、生产设备齐全、颇具规模的中成药生产企业，市场覆盖从两广扩展到国内20多个省、市，并远销东南亚等地。

1992年，梁润之的后人回到顺德创办梁介福（广东）药业有限公司，成为顺德改革开放后引进的首批制药企业之一。

1994年，华天宝药厂研制生产的“腰痛康”保健袋被评为国家级新产品，夺得国家首届彭祖奖金牌，华天宝药厂获评“中国明星企业”。1997年，华天宝药厂入围广东省“十大中成药企业”，是顺德首批确认的规模企业和高新技术企业。1998年，华天宝药厂产值超亿元。当时的广告语“想要身体好，记住华天宝”家喻户晓。

1995年，顺峰药业有限公司（前身为顺峰制药厂）开发皮康王和瑞康两个省级新产品，以及佐匹克隆国家级新产品，产值超1亿元。1996年，顺峰药业有限公司产值1.3亿元。同年，顺峰药业有限公司的两个新产品列入省重点开发项目。1998年，顺峰药业有限公司获“广东省高新技术企业”称号，并被认定为广东省外用药工程技术研究中心。1999年8月，顺峰药业有限公司建成面积达6500平方米的新软膏生产车间，通过国家药品监督管理局对GMP的认证。2000年，顺峰药业有限公司软膏车间和口服液车间通过国家GMP认证，被认定为广东省外用药软膏生产基地，成为顺德十大高新科技研究中心之一。

同时段，日本大冢制药、香港康富来药业等其他海外企业先后落户顺德。1993年，投资总额2840万美元、专业生产输液制剂的广东大冢制药公司成立。康富来药业1995年在顺德建立获得GMP认证的现代化生产基地，喊出“拥有康富来，健康财富滚滚来”的口号，后还率先引领顺德的“三旧”改造①进程。环球制药则开创顺德“校地合作”发展生物医药产业的先河。1991年，广东医药学院②与容奇合作，将该学校的附属药厂搬到容奇，开办广东医药学院环球制药厂③，逐渐成为现代化大型综合医药企业。

20世纪90年代，顺德规模以上医药制造业总产值超过1亿元。生物医药行业逐步发展成为顺德支柱工业产业。

---

① 即“旧城镇”“旧厂房”“旧村庄”的改造，是广东省特有的改造模式。

② 1958 年创建的广东省卫生干部进修学院于 1978 年升格为普通本科院校，定名为“广东医药学院”；1994 年更名为“广东药学院”；2016 年经教育部批准更名为“广东药科大学”。

③ 现为国药集团广东环球制药有限公司。

第三节
工业腾飞

产业一直是顺德最大亮点，也是顺德始终领跑全国县域发展的关键所在。进入21世纪，顺德不断优化升级产业结构，大力推动区域经济合作，加强自主创新，积极培育战略新兴产业，加快信息化和工业化融合，推进工业企业数字化转型，率先走出一条具有明显特色的高质量转型升级之路。

一、传统支柱产业转型发展

（一）八大支柱产业

21世纪初，顺德提出“政府导向、企业主体、市场运作、整体推进”的工业发展原则，推进工业产业结构调整，以信息化带动工业化，以工业化促进信息化，确立家用电器、电子信息、机械装备、纺织服装、精细化工、生物医药、包装印刷、家具制造为八大支柱产业。围绕支柱产业，顺德培育上下游产业链，建立商会或协会，扶持企业上市，增强顺德的工业竞争力。

（二）“三三三”产业发展战略

2005年，顺德启动“三三三”产业发展战略，即促进三大产业协调发展、促进支柱行业均衡发展、促进龙头企业加快发展，为支柱产业和龙头企业的发展创造良好的环境，引导企业加大技术改革投入，促进支柱产业做大做强。

（三）“龙腾计划”与“星光计划”

2010年，顺德推出“龙腾计划”和“星光计划”。

“龙腾计划”从政策、财税、融资、用地安排、科技创新、市场开拓、企业管理和服务体系建设等各方面整合资源，扶持重点企业。在300家“龙腾计划”扶持企业的示范带动下，全区企业的规模、竞争力、专利品牌及标准化战略、国际化水平、产业集群和区域竞争力得到进一步增强和提升。

“星光计划”从融资、市场开拓、公共服务平台等方面扶持中小微企业发展。这些得到扶持的中小微企业被称为“星光企业”。“星光企业”在各行业细分领域中成为“隐形冠军”的个例层出不穷：广东科凡家具有限公司获得德国红点设计大奖；佛山顺德区蓝贝科技有限公司的光学镜片在全国行业细分市场排名第一；佛山惠美庄电器有限公司联合行业企业着手起草家用榨油机行业标准等。“星光企业”成为带动顺德发展和推动产业转型升级的主要后备力量。

（四）村级工业园升级改造

改革开放之初，顺德加工企业纷纷上马，“村村点火，户户冒烟”，为顺德工业化积累“第一桶金”。经过多年发展，全区土地开发强度超过50%，382个村级工业园、1.6万家中小微企业，但工业产值只占全区两成，工业用地却占全区七成。区政府2018年提出“要用历史和发展的眼光，妥善改造村级工业园区，依法淘汰落后产能，为高质量发展腾出空间。”同时，将村级工业园升级改造列为区政府“头号工程”。

创建园区，是发展需要；改造园区，也是发展需要。顺德以村级工业园改造整治提升为突破口，淘汰高污染、高能耗、低产值的落后产能园区，引进新兴产业，转型升级，加快构建现代化产业体系和全面开放新格局，为优质企业发展腾出空间，建设集约生态型的现代化产业园区，推动工业4.0发展，注入先进制造业，为本土骨干企业增资扩产做好服务，形成高质量发展的“顺德样板”，为全省高质量发展提供经验借鉴。

目前，各镇街高质量村改工业园区分布各处，推动着“品质城市、现代园区、美丽乡村”全面融合发展。

根据顺德村级工业园升级改造发布平台的现实，位于顺德南大门容桂的中建国际创新智慧城未来将打造成集生产制造、商务办公和商业于一体的绿色生态、产城融合的创新智慧城；龙江万洋众创城定位为高端智能装备制造产业的现代化园区，将引进优质企业构建智能装备全产业生态链；乐从深国际物流项目将打造为佛山单体开发规模最大的物流产业园；大良红岗科技城入选全国百强科技城（根据赛迪顾问联合赛迪科创发布“科技城百强榜2022”），将打造产城人文融合的新一代城市标杆；勒流华南环境科技产业园占地千亩，将以智能家电、环保科技等新兴产业为导向，打造科技创新、智能制造和全产业链的新型园区；容桂同德智造城以智能家电、科技孵化、互联网服务为主导产业，打造“设计+数字”的现代化智能专业产业园区；北滘马头智港对太阳花原厂区的升级改造，以科技创新为核心，助力企业快速发展；北滘西滘村则通过清理落后产能企业，开展环境治理“微改造”，发动村民共建“四小园”，促进乡村风貌大改观，实现美丽乡村建设。

主题鲜明、集约高效的产业园区，不断吸引优质产业要素向顺德集聚，本土企业也掀起“二次创业”高潮。美的将再投资100亿元，以高于“灯塔工厂”的标准建设工业互联网智能工厂，打造标杆智能生产基地和一流科技创新平台。大批本土企业增资扩产，开展先进的数字化工厂建设。顺德工业再现活力。

（五）工业企业数字化转型

2013年4月，德国在汉诺威工业博览会上提出第四次工业革命的概念，工业发展进入智能制造的时代。

2015年5月，国务院印发《中国制造2025》（国发〔2015〕28号），部署实施制造业强国战略。顺德作为国内首屈一指的制造业强区（县），对于这场悄然而至的革命，早已做好迎接挑战、主动革新的准备，并通过政策驱动、示范带动、载体建设、平台服务等，以智能制造为抓手，驱动工业转型升级、产业转型高质量发展，把“顺德制造”品牌打造为“顺德智造”，继而发展为“顺德创造”。

2012年，顺德深化信息化和工业化融合，成为全国唯一的国家级装备工业两化深度融合暨智能制造试点，成功举办第一届国家装备工业两化深度融合暨智能制造试点成果展示会。

2013 年，顺德全区智能制造工业产值突破1500亿元。康宝电器有限公司研制的无线物联智能家居系统已在大型楼盘应用；美的集团研发的智能厨房和格兰仕研制的云智能微波炉已成为销售增长点；科达机电有限公司建成机械装备产业信息化服务云平台，成功向智能制造服务商转型。

同年，在顺德规划建设“广东省智能制造产业基地”，牵头成立“广东省智能制造产业联盟”。

2014年，广东省智能制造产业基地核心区（位于顺德高新区）已引入智能制造项目19个，项目投资总额约50亿元。顺德高新区被广东省经济和信息化委员会认定为“广东省智能制造示范基地”。

2015年，位于顺德中欧中心的广东智能制造示范中心正式对外开放，以此为起点打造机器人全产业链，辐射整个华南地区，服务传统制造企业转型升级。2016年，顺德成为国内以智能制造为抓手推动工业转型升级的两化融合典范。美的集团收购德国库卡（KuKa）集团；伊之密并购上海川口机械（Kawaguchi）股权；多家企业与国际知名智能制造公司签订战略合作协议。

2017年，顺德成为华南地区机器人集成系统解决方案集聚地，逐步形成机器人研发和服务、生产和配套、展示和销售的全链条式发展载体。顺德高新区的“广东省智能制造产业示范基地”建有“顺德机器人产业园”“智能制造产业园”“机械装备产业园”；陈村顺联机械城3期智造汇打造面积20万平方米的全国首个智能机械装备商贸综合体；莱茵机器人产业园改造升级为国际知名机器人产业基地；大良汇创方智造园打造智能制造的加速器。

2018年后，顺德智能制造全面开花，逐步树立一批工业互联网标杆企业，并在广大中小企业中全面推广工业互联网应用，帮助企业快速、低成本地实现数字化转型升级，提升企业综合竞争力。

作为本地规模最大的龙头企业，美的集团一向是数字化转型的先锋。它先后收购库卡集团，成立注册资本1亿元的美的智能机器有限公司，筹建全省唯一以工业互联网为建设方向的广东省制造业创新中心——广东省工业云制造创新中心，多项成果被评选为省、市级工业互联网创新项目、标杆项目。

积极与德国合作支持地方企业数字化转型服务的顺德职业技术学院（甘慕仪供图）

美的集团两度问鼎世界智能制造的最高荣誉：美的空调广州工厂和微波炉顺德工厂分别在2020年和2021年被世界经济论坛评为全球“灯塔工厂”，标志着美的集团已成为世界制造业数字化转型的指路明灯，引领着国内制造业企业迈向数字化转型的快车道。

作为国家示范性高等职业院校建设计划的骨干高职院校，顺德职业技术学院与有“德国工程师摇篮”之称的亚琛工业大学合作，共建“广东—亚琛工业4.0应用研究中心”，探索与德国优质高等教育资源强强联合的国际化合作新路径。该中心包括示范工厂、工业4.0展厅、技术实施与服务、员工培训、学生教育培养、国际项目合作研究六大功能。该中心将成为服务区域经济和产业发展的重要平台和基地，为本地企业数字化转型服务，推进智能制造的产学研合作，搭建真实示范样本，提供人才支撑和智力支撑，创造具有顺德特色的职业教育新模式，助推顺德产业升级和发展。

二、战略新兴产业迅猛发展

顺德的产业转型升级，有力推动工业设计、工业机器人等新兴产业的产生和迅猛发展。

在工业产业转型升级的宏观背景下，顺德依托自己强大的制造业基础，致力于推动工业设计与创意产业集聚发展。

自2009年国家工业设计与创意产业（顺德）基地、顺德工业设计园正式开园营运以来，顺德不断建设工业设计公共服务平台，推广相关技术应用，促进设计成果产业化，推动重点设计创新产品开发、设计与制造业的对接、设计人才的培养，扶持面向本地区产业集群的工业设计与创意企业发展，培育具有较强竞争实力的自主品牌工业设计与创意企业。

2018年9月19日，顺德区人民政府发布《“设计顺德”三年行动计划（2018—2020）》。该行动计划以“六大工程”为内容，以培育工业设计为先导的创新型产业集群，构建“科技—设计—产业”一体化创新体系，推动工业设计高端化、国际化、品牌化发展，以打造全国工业设计产业高地为目标，形成设计顺德“新起点、高质量、全球化”的发展新格局。

发展至2019年，顺德工业设计产业取得令人瞩目的成效。工业设计企业繁荣发展，有国家级工业设计企业4家、省级工业设计中心14家、设计高新技术企业50家，位居全省前列。顺德的广东省家电工业设计研究院纳入广东省首批三家省级研究院之一，并将率先进入国家工业设计研究院培育工程。国际设计合作取得突破，中韩设计（顺德）中心、中法设计产业合作中心陆续落地运营。广东工业设计城、顺德创意产业园、乐龙国际创意城、伦教珠宝设计园等多个创业产业园各具特色，成功树立产业会展品牌，每年举办多项设计会展、大赛等活动。

广东工业设计城

2009年1月，顺应顺德工业设计产业的发展，北滘在原顺德顺达毛纺厂旧址改造成立顺德工业设计园，同年9月升级为广东工业设计城，是以工业设计产业为核心、串联工业设计产业链上下游、提供高端增值服务的现代服务业聚集区。

广东工业设计城采取“政府推动、省区共建、市场运作”的发展方式，是国家工业和信息化部、国家知识产权局授予的“国家级工业设计示范基地”，也是“国家级科技企业孵化器”。

目前，广东工业设计城已建立起集市场调研、创新设计、研发中试（研发中心、中试车间）、生产制造、交易、展览、交流、培训、孵化及公共服务等综合功能为一体的服务外包体系，服务范围涵盖智能制造、智慧家居、生命健康、医疗器械等新兴产业。

广东工业设计城（黎霭莹 摄）

广东工业设计城（黎霭莹 摄）

截至2019年，广东工业设计城启动区占地面积约为4.8万平方米，吸引约280家国内外设计研发企业入驻，其中高新技术企业45家。广东工业设计城规划范围内聚集设计研发人才超过8300人。园区的东方麦田公司获“国家级工业设计中心（工业设计企业）”称号，宏翼公司、永爱公司、潜龙公司获“广东省省级工业设计中心（工业设计企业）”称号。

入驻广东工业设计城的广东顺德库尔兹库尔兹创意设计有限公司[①]总监熊浩、广东东方麦田工业设计股份有限公司总经理张庆图分别获“广东省设计业十大杰出青年”奖。广东工业设计城每年举办的“中国设计日”系列活动丰富多彩，组织多项成果展览、主题峰会、交流论坛，探

① 该公司成立于2013年10月24日，名称中确实包含两个“库尔兹”，中间无间隔符号。

作为顺德创业较早的设计企业之一，宏翼设计一直探索工业设计在产业里的各种可能性，而设计创新驱动型企业的孵化则成为近十年宏翼设计发展的新路径

讨国际高端设计思维与前瞻新知，吸引国内外工业设计专家、产业人员参加，成为国内深具规模的设计产业会展平台。

机器人产业

机器人被誉为镶嵌在制造业皇冠上的“明珠”，也是支撑制造业数字化、智能化的重要装备。机器人之于顺德而言，不只是形成新的千亿级产业集群，更为重要的是以此为着力点撬动传统产业转型升级，使之成为驱动高质量发展的关键密钥。

近年，顺德机器人产业快速集聚。库卡、发那科（FANUC）、ABB、安川（Yaskawa）、川崎（Kawasaki）等世界机器人排名前五的行业巨头均已进驻顺德。本地两家世界500强企业——美的集团、碧桂园已进军机器人产业：美的集团并购库卡，投产一年多已生产1万多台机械臂[1]；碧桂园旗下的博智林正在研发近50款建筑机器人，碧桂园旗下的千玺打造的机器人餐厅已有89家实体门店对外营业。一大批聚焦细分领域的“隐形冠军”的出现，逐渐形成多层次的机器人产业梯队和链式发展的新趋势。

截至2021年5月，顺德已有逾300家规模以上工业企业开展“机器换人”，累计应用机器人逾5000台，机器人应用保持年均20%的增长。

2021—2024年，顺德预计将新增1500家企业开展“机器换人”。从最早的工业机器人，延展到特种、服务机器人领域，顺德机器人产业彰显出蓬勃的生命力和创新力。

表1-1　2021年顺德企业100强榜单

排　名	企　业
1	碧桂园控股有限公司
2	美的集团股份有限公司
3	美的置业集团有限公司
4	海信家电集团股份有限公司
5	广东腾越建筑工程有限公司
6	中国联塑集团控股有限公司
7	广东格兰仕集团有限公司
8	盈峰环境科技集团股份有限公司
9	碧桂园生活服务集团股份有限公司
10	广东新宝电器股份有限公司
11	佛山市顺德区乐从供销集团有限公司
12	广东威灵电机制造有限公司
13	广东合诚集团有限公司

① 高精度、高速点胶机器手，英文名为 mechanical arm。

续表

排　名	企　业
14	科达制造股份有限公司
15	广东新协力集团有限公司
16	广东瑞鸿贸易有限公司
17	广东万和新电气股份有限公司
18	广东顺德农村商业银行股份有限公司
19	科顺防水科技股份有限公司
20	浦项（佛山）钢材加工有限公司
21	佛山市云米电器科技有限公司
22	广东星徽精密制造股份有限公司
23	广东精艺金属股份有限公司
24	佛山市顺德区顺茵绿化设计工程有限公司
25	昇辉控股有限公司
26	国药集团广东环球制药有限公司
27	大自然家居（中国）有限公司
28	广东博意建筑设计院有限公司
29	广东富华机械装备制造有限公司
30	小熊电器股份有限公司
31	博实乐教育集团
32	佛山市顺德区顺达电脑厂有限公司
33	广东腾安机电安装工程有限公司
34	广东顺德华侨城实业发展有限公司
35	广东美涂士建材股份有限公司
36	广东南兴天虹果仁制品有限公司
37	广东万家乐燃气具有限公司
38	广东伊之密精密机械股份有限公司
39	森达美信昌机器工程（广东）有限公司
40	佛山市顺德海尔电器有限公司
41	中国移动通信集团广东有限公司顺德分公司

续表

排　名	企　业
42	广东东泰五金精密制造有限公司
43	广东德尔玛科技股份有限公司
44	国盛金融控股集团股份有限公司
45	广东松下环境系统有限公司
46	广东雄峰特殊钢有限公司
47	佛山市顺德区顺纺（集团）有限公司
48	广东顺德控股集团有限公司
49	广东圆融新材料有限公司
50	广东华润涂料有限公司
51	周生生（中国）商业有限公司佛山分公司
52	广东浦项汽车板有限公司
53	佛山市盈特金属制品有限公司
54	佛山市顺德区美恒舜电器销售有限公司
55	广东伟经日用五金制品有限公司
56	广东宏石激光技术股份有限公司
57	广东东亚电器有限公司
58	广东中奥物业管理有限公司
59	广东康宝电器股份有限公司
60	广东顺威精密塑料股份有限公司
61	佛山市美凌不锈钢有限公司
62	广东德美精细化工集团股份有限公司
63	丰田合成（佛山）汽车部品有限公司
64	广东惠而浦家电制品有限公司
65	广东立泰供应链管理有限公司
66	广东东箭汽车科技股份有限公司
67	顺特电气设备有限公司
68	广东申菱环境系统股份有限公司
69	佛山东海理化汽车部件有限公司

续表

排　名	企　业
70	佛山顺德矢崎汽车配件有限公司
71	中国人民财产保险股份有限公司顺德分公司
72	中国平安财产保险股份有限公司佛山市顺德支公司
73	广东顺控发展股份有限公司
74	丰田合成（佛山）橡塑有限公司
75	悍高集团股份有限公司
76	广东恒基金属制品实业有限公司
77	广东白燕粮油实业有限公司
78	广东威奇电工材料有限公司
79	广东瑞德智能科技股份有限公司
80	佛山市顺德区安恒钢铁商贸有限公司
81	广东东方面粉有限公司
82	广东志达精密管业制造有限公司
83	广东德冠薄膜新材料股份有限公司
84	广东前进牛仔布有限公司
85	广东万和热能科技有限公司
86	佛山市顺德区东亚汽车部件有限公司
87	库卡机器人（广东）有限公司
88	广东顺德周大福珠宝制造有限公司
89	广东泰科电子有限公司
90	广东甘竹罐头有限公司
91	佛山市顺德区金泰德胜电机有限公司
92	佛山市顺德区阿波罗环保器材有限公司
93	广东金禾面粉有限公司
94	佛山市顺德区港华燃气有限公司
95	中国顺客隆控股有限公司
96	广东华声电器实业有限公司
97	广东鸿业管桩有限公司

续表

排　名	企　业
98	爱三（佛山）汽车部件有限公司
99	广东创富金属制造有限公司
100	佛山市顺德区旺海饲料实业有限公司

第二章

农 业 篇

第一节
农业概况

一、农耕历史悠久

顺德地处珠江三角洲（简称“珠三角”）腹地，江河密布，土地肥沃，光热充足，农业资源丰富。2008年，龙江左滩蕻洲岗遗址挖掘结果表明，顺德在商周时期已有人类生活。

据清咸丰年间《顺德县志》记载：“陈村岁栽花果出售诸郡，自汉例献龙眼、荔枝，宋贡异花，盖由来已古。”可见，陈村所产花卉、水果已得朝廷青睐。

3000年前，人们就在这里生活劳作，开启顺德历史

顺德地势低洼，水患频繁。为抵御水患，北宋崇宁年间（1102—1106年），当朝丞相何执中和广南路安抚使张朝栋主持修筑桑园围，“上自丰滘，下至狐狸，以迄甘竹，东绕龙江，上至三水，周数十里”[①]，涵盖今顺德的龙山、龙江、甘竹。

武城表示曾氏家族来自山东武城县。桑园巷表示这里曾是桑园围辐射和影响下的土地。一块路牌，融合着顺德早期的移民与开垦历史

桑园围的修筑与中原技术的采用，推动了顺德农业生产走向高峰。顺德人开始大规模围垦造田、塞堑为塘、叠土成基、种稻养鱼、植果树桑，兴起基塘农业。至明代初期，初步形成以果基鱼塘为主、桑基鱼塘为辅的农业生产格局。

二、果基鱼塘和桑基鱼塘

明嘉靖元年（1522），朝廷封闭泉州、宁波两港，广州成为对外贸易中心，加之国内外市场对蚕丝的需求增长，顺德蚕桑业迅速崛起。基地种桑、桑叶养蚕、蚕沙养鱼、塘泥栽桑，形成良性循环的人工生态系统。

果基鱼塘亦相当繁盛，陈村一带“堑负郭之田圃，名曰基，以树果木，荔枝最多，茶、桑次之，柑、橙次之，龙眼则树于宅，亦有树于基者；圃中凿池养鱼，春则涸之插秧，大者至数十亩……”。[②]

① 参见清同治年间《桑园围志》。

② 参见明万历年间《顺德县志》。

清乾隆至光绪年间（1736—1908），顺德两度掀起“挖田为塘，废稻树桑”的高潮。光绪三十四年（1908），全县有桑基30万亩、鱼塘20万亩，占总耕地面积的55%，塘鱼、桑蚕、蚕丝年产值达亿两白银。

三、丝业科学发展

20世纪20年代，桑基鱼塘进入历史发展的巅峰。桑基面积增至66.5万亩，鱼塘面积26万亩，年产蚕茧1.21万吨，占全省总量一半，生丝输出量占全省80%以上，造就顺德“南国丝都”之名。

中华人民共和国成立后，通过土地改革，实现“耕者有其田”。1953年实施“第一个五年计划”，顺德推行农业互助合作化，提倡科学种养，推进水利建设，优化品种，调整作物布局，改革耕作制度和技术，稻、蔗、桑、果、鱼全面发展。20世纪50年代中期至1978年，农业生产执行国家经济计划安排，探索社会发展道路。

高附加值塘鱼养殖是早期顺德农业发展的重要突破口

四、淡水养殖和花卉种植

改革开放以来，顺德人凭借人文、地缘和政策优势，通过实行农村经济体制改革，以市场为导向，以经济效益为中心，大力调整农业布局和品种结构，实施科技兴农，推进产业化经营，使传统农业逐步向现代农业转变，形成淡水养殖和花卉种植两大支柱产业。

2005年，顺德淡水养殖面积23.88万亩，年产塘鱼23.85万吨，产值35.18亿元，其中鳗鱼占广东的70%、全国的1/3，加州鲈占全国的80%；花卉种植面积4.7万亩，产值10.3亿元，出口额3000多万美元，约占广东花卉出口总量的1/2、全国花卉出口总量的1/4，来自陈村的花卉占韩国花卉总量近90%。

顺德人深谙“借地生蛋”道理，“走出去”的外延农业种养面积达17万亩，占本土总耕地面积的43%，故有“外延农业半顺德”之说。顺德已成为中国最负盛名的淡水鱼养殖基地、花卉种植基地和年花市场之一。顺德国兰、陈村年桔、顺德鳗鱼、陈村蝴蝶兰蜚声中外，并于2018—2020年先后成为国家农产品地理标志产品。

五、桑园围

2020年，桑园围入选第七批世界灌溉工程遗产名录，是中国首个以基围水利为主体的世界灌溉工程遗产。历经900余年的发展，桑园围古水利工程仍保存完好，是珠三角农业发展的里程碑。其建设为灌溉农业和桑基鱼塘生态农业创造出条件，促进区域社会发展和文化交流，见证着中国沿海经济区的拓展和重心南移。

2020年底，位于甘竹滩发电站旁的桑园围博物馆和龙江水利历史展览馆正式对外开放，以图文并茂、实物展示的形式，讲述筑建桑园围的历史背景和发展进程，以及泛桑园围衍生的农商经济和民俗文化的发展。

桑园围博物馆，展现桑园围的历史与桑基鱼塘的发展历程（吴建强 摄）

第二节 水产养殖

一、挖塘养鱼

顺德是著名的鱼米之乡，池塘养鱼业可追溯至唐代。据唐代人段公路所著《北户录》记载，当时南海郡农民将鲮鱼、鲤鱼“蓄于池塘间，一年可供口腹也”。明代，不少村落挖塘筑堰养鱼，主要种类有鳙、鲢、鲩、鲮。

明万历九年（1581）清丈土地，全县鱼塘面积40084亩，其中龙山、龙江已初步形成桑基鱼塘生态农业布局。而以陈村为中心，北自龙津，南达碧江、古楼、冲鹤、鹿门一带，则大力发展果木、茶叶、桑蚕、水稻及塘鱼生产的多种经营。

清代，塘鱼养殖进一步发展。乾隆年间掀起“挖田为塘，废稻树桑”的高潮，把大量的稻田、撂荒低洼地改造为桑基鱼塘。19世纪中叶，龙山、龙江一带“民舍外皆为塘”，水藤、杏坛等地亦“民半树桑”，全县桑基鱼塘面积超过20万亩。19世纪后期，随着机械缫丝的应用，蚕茧需求大增，不断刺激桑基鱼塘的发展，呈现“禾田多变塘，禾之地，不及十一，谷之登场亦罕矣”[①]“人与鱼同命，鱼与谷争秋”[②]的现象。

民国早期，顺德桑基鱼塘生产进入历史发展的巅峰。1923年，全县桑基面积近60万亩，鱼塘面积26万亩，年产塘鱼7.8万吨。1929年全球经济危机爆发后，生丝需求锐减，桑蚕价格暴跌，给顺德桑基鱼塘带来毁灭性打击。后受抗日战争的影响，加之水利失修、洪水肆虐，大量基塘被荒废。

立体养鱼是顺德渔业发展的重要突破

① 参见民国《顺德县志》。
② 参见晚清周祝龄编《所托山房诗集》。

二、高附加值水产

1949—1978年，全县鱼塘面积24万—26万亩，养殖品种以鳙鱼、鲢鱼、鲩鱼、鲮鱼为主。通过科学繁育鱼苗、革新养殖方式、推广防治技术，平均亩产从1949年的95.92公斤提升至1978年的196.31公斤。

1979年起，农村实行经济改革，国家对塘鱼生产给予优惠政策和灵活措施，开放塘鱼市场，取消上调任务，塘鱼生产发展迅速。20世纪80年代，养殖品种从传统“四大家鱼”为主逐步转向优质、高产、高值品种，引进鳗鱼、桂花鲈、加州鲈、白鲳、甲鱼、罗氏虾、锦鲤等，并实行科学饲养、集约化经营，产量和收益大幅增长。1991年，全县鱼塘面积266694亩，总产量154016吨，产值5.58亿元，占农业产值的43.5%，居首位。

1992年起，政府调整农业产业结构，大力发展“三高”（高产、高质量、高经济效益）农业，水产养殖业成为顺德农业的支柱产业。2009年，淡水养殖面积21.19万亩，产量23.66万吨，产值37.57亿元。其中，优质水产养殖面积达到11.26万亩，基本形成以鳗鱼、加州鲈、甲鱼、桂花鲈、生鱼5个品种为主导的养殖结构，面积分别为1.8万亩、3.3万亩、0.8万亩、1.1万亩、1.4万亩。同年，中国水产流通与加工协会授予顺德“中国鳗鱼之乡”称号。

三、中国鳗鱼之乡

2010年后，顺德城市化持续加速，水产养殖面积逐年减少，但由于标准化、集约化、专业化养殖日渐成熟，总产量保持稳定增长。至2019年，全区水产养殖面积14.84万亩，总产量28.5万吨，产值64.6亿元，主要水产养殖品种有加州鲈、生鱼、鳗鱼、草鱼、黄颡鱼。

2019年以来，顺德紧抓“百里芳华”乡村振兴示范带建设，掀起新一轮城乡品质提升、文化旅游产业开发热潮，勒流镇的稔海村“浪鳗鱼港”、江义村“美丽田园”等文化旅游项目打造得有声有色。

鳗鱼主题公园构成农业与旅游相融合的新产业（韩建纯 摄）

稔海村被评为“中国鳗鱼之村”，鳗鱼养殖面积超过2.5万亩（含外延面积），年产值达29亿元，烤鳗产品畅销30多个国家和地区，形成稔海总部加台山（江门市代管县级市）养殖基地的养鳗格局。如今，稔海正以乡村振兴为契机，规划建设水乡休闲“鳗生活”文化旅游产业，打造一条长2.2千米的鳗鱼文化主题旅游线路，串联沿途的入村口公园、浪鳗鱼乡（鳗鱼美食体验）、鳗鱼养殖示范基地、村史馆、鳗鱼主题公园等。

江义村是全国的“中国最美乡村”，农田保护区内方塘棋布、阡陌相连、河水清澈，笔直的河道两岸大多种植落羽杉，田园风景美不胜收。2001年起，临顺德水道的江义村推进农业园区整治基塘，开挖河涌引入北江水，完善农业基础建设，构建良好的生态农业格局，打造广东省加州鲈养殖示范片区。如今，江义村加州鲈连片面积、养殖技术位居全区第一，单亩产量1万斤以上，赢得了“顺德鲈鱼看勒流，勒流鲈鱼看江义”的美誉。

草鲩养殖标准化示范区将成为人们体验当代养殖业的重地（韩建纯 摄）

四、优质水产

2020—2021年，以均安为核心的顺德区优质草鲩产业园和覆盖乐从、龙江全域的顺德区优质加州鲈产业园先后入选珠三角自筹资金建设省级现代农业产业园名录。优质的西江水为均安草鲩养殖提供优越条件，养殖面积达1.5万亩，产值占均安农业产值的半壁江山。均健现代农业科技有限公司扎根素有“东海绿岛”之称的南沙岛，建立614亩水产养殖产业园，采用“三池两坝一池”处理工艺，探索出一套科学生态的标准化养鲩流程，为广东省草鲩养殖标准化示范区建设探路，并逐步延伸至水产养殖科普、特色旅游景点等领域，打造生态农业景观带和产学研游水产养殖基地。

以乐从供销集团为实施主体的顺德区优质加州鲈产业园养殖面积共2.38万亩，其中加州鲈养殖规模为 1.35 万亩，占 56.72%，产值为 10.25 亿元，占产业园总产值的 69.02%。产业园科技创新能力强，先后进驻广东省农业科学院水产研究所、珠三角基塘农业研究院等省级以上研究机构，入园参与生产经营的企业达80家，使得产业园水产加工与物流、乡村文化旅游与休闲渔业迅猛发展。

第三节
花卉种植

一、种植历史悠久

顺德花卉种植历史悠久，享誉海内外，有“花之乡、卉之都”的美誉，其中以陈村最为出名。“户以花为业，村以花为名”便是其真实写照。

据清康熙年间《顺德县志》记载：“汉有扶荔之宫，宋有异花之献，置堠传送，皆自南海，意即斯乡（陈村）。”当中的“异花之献”即向朝廷贡献珍贵的花卉。汉武帝建造扶荔宫，引种的荔枝、龙眼、金桔、桂花、昌淌和指甲花等花果，花木多从陈村选取。

明代中叶，顺德花卉种植业进入兴盛时期，陈村种花蔚然成风，园圃密集。明末清初屈大均所著《广东新语》则以诗的形式记录陈村花果种植之盛：“渔舟曲折只穿花，溪上人多种树家；风土更饶南北估，荔枝龙眼更繁华。”陈村的种花盛况，可见一斑。

花卉成为人们装点家居、销售获利的重要产业

二、花木远近闻名

民国早期，陈村花卉种植更为兴盛。20世纪30年代，向有“百花村”之誉的弼教有花圃128个，地花百余亩，盆花数万盆。基围遍植米兰，年产鲜花35万—50万斤，花开时节，香飘数里。米兰、玉兰、桂花、茉莉花、四季桔、金桔和盆景远销闽、苏、浙、沪、津、鄂等地及港澳地区。1958—1962年，顺德各公社相继建立花木苗圃，生产花卉供出口创汇。当时，陈村大量种植米兰和茉莉花，年收购10多万斤用于制花茶。

20世纪80年代，花卉种植遍及顺德。其中，陈村和北滘以盆桔为主，兼种茶花、盆景；大良以盆景、兰花为主，兼种盆桔、茶花；伦教重点发展菊花，为广东省菊花四大出口基地之一；勒流重点种植桃花。随着花卉生产的迅猛发展，为打开花卉的销路，1981年起，顺德每年都会举办大型迎春花市，沿广珠公路陈村段和伦教段摆设，绵延六七千米，吸引大量游客买花赏花，仅1987年陈村路段的迎春花市游客就达30多万。

蝴蝶兰成为北方家庭迎春花卉（梁钜东供图）

三、花卉产业化经营

20世纪90年代以来，顺德花卉种植迈向集约化生产、产业化经营和国际化贸易之路，相继建成陈村花卉世界、顺德（莘村）花博园、广东菊花湾现代农业园等大型种养基地，花卉业独树一帜，香飘四海。在大力推进年桔、盆景、国兰、桃花、菊花等传统名牌产品的同时，顺德积极推动名优稀特和高新花卉种植业的发展，蝴蝶兰、大花蕙兰、比利时杜鹃、巴西铁、草花及其种苗等花卉新品种相继落户顺德。

2019年，顺德花卉种植面积为40842亩，产值达16.27亿元。花卉业仅以1/4的种植面积产出种植业80%的产值。

2019年7月，顺德区农业农村局发布《顺德区花卉现代农业产业园总体规划》，计划用3年时间，围绕“一心一轴五区”①的空间布局，打造总面积达2.3万亩的花卉现代农业产业园。

产业园以陈村花卉世界为建设核心区，涵盖陈村、北滘、勒流、伦教、均安，构建以设施升级、技术提升、服务优化、品种保护、产业联盟为大集成的智慧农业创新模式，重点打造以蝴蝶兰、国兰、年桔、盆景、盆栽、苗木、桃花等为特色的产业联动模式，促进产业兴旺，实现农民增收，建设创新引领、示范带动的省级现代农业产业园。

自2019年启动建设至今，产业园的建设进度及成效看得见、摸得着、感受得到。昔日破旧的棚舍已被漂亮的新棚舍取代，不少农耕路铺上水泥，沿路点缀别致的指示牌、石凳、观景台，有效提升农村田园风貌。

---

①“一心一轴五区”：“一心”指产业园运营管理中心；“一轴”指花卉产业联动轴；“五区”指花卉三产融合示范区、兰花设施化高质产业发展区、年桔标准化高产产业发展区、庭院树精品化高值产业发展区、桃花文创化高效产业发展区。

四、陈村年桔

陈村作为全国最大的年桔种植基地，种植面积约7000亩，仅仙涌就遍布近2000个年桔种植场。每年冬季，仙涌数千亩桔地遍地金黄，一望无际，构成一道美丽的风景线，吸引不少人前来欣赏美景、选购年桔。

2019年，一群有年桔情怀的青年在“陈村年桔”获国家农产品地理标志之际，在仙涌建立陈村年桔宣传基地——桔场时光；打造年桔农耕体验基地，开展年桔传承研学课程，开发年桔文化旅游产品，传承年桔农耕文化。

北滘镇群力围东南角，碧桂路旁、陈村水道边，亦有上千亩连片桔场。放眼望去，硕果累累，尽是年桔，引人注目。

陈村成为国内重要的柑桔种植基地（韩建纯 摄）

近年，人们致力打造陈村年桔文化（梁钜东 摄）

每年新春前，陈村年桔成为人们追捧的佳节必需品（韩建纯 摄）

弼教花卉种植基地，花木苗圃门类繁多，年桔、罗汉松、盆景、万寿菊，一派欣欣向荣的景象，“百花村”美名依旧。

2021年末，位于弼教的立新路四小园竣工。园内点缀着年桔、米兰、三角梅、龙船花等60多种花卉，成为陈村新晋的“网红”公园。这里还是一个24小时不打烊的“花卉市场”，由村委提供空间、村民供应花卉、运营机构宣传维护，三方合力打造独特的弼教花卉展示及销售平台。

桔农与年轻人共同探讨开发桔果产业（梁钜东 摄）

五、连杜桃花

勒流连杜已有70多年的桃花种植史，所种桃花以朵大色艳、造型典雅著称。2002年，连杜为桃花注册了国家农产品专利——“连杜”商标。每年岁末，在350多亩的连杜桃花种植基地，近4万株桃花含苞待放，充满诗意，温馨又浪漫，“桃花村”之名不胫而走。2019年起，连杜村每年都会举办盛大的桃花节，赏花购花之人纷至沓来，成功开辟“桃花+文化旅游”特色农业发展新路径，擦亮“连杜桃花”的文化旅游名片。

六、熹涌菊花

伦教熹涌的菊花种植基地面积约200亩。每年腊月，阡陌纵横的花田色彩斑斓，各色菊花争奇斗艳，给人以震撼的视觉盛宴。此时，潭州水道北滘镇高村段堤围连片种植的盆菊亦拔蕊怒放，为新春增添喜庆。

熹涌菊花装点着人们新春的梦想（韩建纯 摄）

花卉世界

一、千年花乡

花卉世界坐落于有“千年花乡”“中国花卉之都”美誉的陈村，是集花卉生产、销售、科研、信息、贸易、展览、旅游等功能于一体的花卉交易中心和花卉主题文化公园，也是国内最大的花卉种植基地和花卉交易市场，获得“农业产业化国家重点龙头企业”“国家4A级旅游景区”“广东省高新农业旅游项目”“佛山新八景”“顺德新十景”等数十项荣誉称号。

花卉世界总体规划面积10000亩，其中，销售区3000亩、高新种植区6000亩、综合服务配套区1000亩。设花卉世界中国花卉交易广场、国际兰花交易中心和花卉大观园。

花卉世界成为观赏、种植、销售、宣传花卉的重要空间（韩建纯 摄）

人们可在花卉世界欣赏各种奇花异卉与精巧设计（韩建纯 摄）

二、多种经营　引导消费

自1998年3月动工兴建至今，花卉世界已开发5000亩，累计引入资金30多亿元，吸引宏达兰卉、七巧园艺、今日科技、巨扬园艺、广东维生等618家国内外花卉企业进驻经营，品种逾5000个，年花卉交易额超过42亿元。

花卉世界是国内大型的花卉种植基地，年桔、兰花及各种花卉生产久负盛名，各种温室大棚随处可见。2005年动工兴建的兰花生物科技园更是其中典范。该园占地700亩，建有高标准花卉温室40万平方米，以种植蝴蝶兰、大花蕙兰等热带兰为主，集种苗组培、生产、检测、包装、销售、贸易于一体，每年可供应兰花种苗2000万株以上，是名副其实的“全球热带兰种苗供应中心”。

花卉世界不仅是花卉的生产、销售基地，而且是花卉文化旅游目的地，为顺德花卉产业融入旅游、文化、美食、会展元素。创办至今，花卉世界先后举办第五届中国花卉博览会、首届全国牡丹花艺术博览会、首届国际盆景雅石博览会等多项国际展会。2000年起，久负盛名的陈村迎春花市移址花卉世界，进一步加快花卉流通、弘扬花卉文化、引导花卉消费。每逢大型展会，各种花卉及园艺产品琳琅满目、争奇斗艳，宾客如云、盛况空前，仅第五届中国花卉博览会就吸引参展企业500多家、专业人士13.8万人、游客108万人。

三、花卉庭园　美不胜收

来到花卉世界，巨大的蝴蝶抽象造型主门楼——欢乐蝴蝶和景色怡人的主入口广场映入眼帘。沿着芳华大道，两侧花团锦簇、万紫千红。每个花卉公司都是亮丽的景点，构成一幅幅绚丽多彩的优美画卷。蓝天

造型古拙的名木古树折射出人们不同的审美需求（韩建纯 摄）

白云、小桥流水、拱门花廊、亭台楼阁，宛如园林式城市公园，让游客感受花的气势、了解花的文化、品读花的内涵。

有“园中园”之称的花卉大观园占地150亩，园内风景美不胜收，长白之春、莫愁烟雨、沂蒙秋韵、哈密园等，巧妙融合多个代表性地域盆景园，集中展示各派（岭南派、川派、苏派、扬派、海派、浙派、徽派、闽派、桂派）及港澳台地区的盆景精品，把盆景艺术、建筑艺术、园林艺术完美结合，让游客领略各地风景名胜、风土人情。此外，私人藏石馆荟萃天下名石，园林式的根雕展馆独树一帜，中国古典家私和书画艺术展示博大精深。游客还可走进花团锦簇中的别致餐厅，用心品味已经打出名堂的花卉宴菜式，边赏花，边品花卉宴。

第四节 蔬菜种植

一、特色品种

明代至民国早期，顺德蔬菜生产属家庭副业，规模种植不多，农民充分利用有限的耕地混种、间种、套种蔬菜。20世纪30年代初蚕丝业衰落，蔬菜生产趋向商品性发展，种植面积大量增加。其时，最负盛名的土特产当数均安蔬菜片、桂洲四基大头菜、伦教白菜干。

均安大头菜种植基地（韩建纯 摄）

改革开放后，顺德蔬菜种植逐渐转向专业化，优质高值新品种不断引进，蔬菜生产基地应运而生，反季节蔬菜大量增加。1991年，全县蔬菜种植11.05万亩，总产量18.94万吨，其中高档品种芦笋、韭黄、西芥兰、西芹菜、西生菜等种植面积达4300亩。不少乡村栽植的品种自成特色，堪称“一村一品”，如桂洲四基大头菜，均安大头菜，陈村、北滘的冬瓜，乐从、北滘的沙葛（豆薯），伦教的白菜干，杏坛的桑麻黑毛节瓜。

20世纪90年代后期，顺德大力推广无公害蔬菜种植，实行规模化生产、集约化经营。1999年，大良五沙村建成顺德第一个无公害蔬菜生产示范基地，面积达1230亩，总投资110万元。

同年，杏坛桑麻村黑毛节瓜获得广东省第一个“无公害农产品”称号。2000年，杏坛桑麻村黑毛节瓜基地（600亩）、乐从西村蔬菜基地（410亩）、德胜五沙蔬菜基地（660亩）、桂洲四基大头菜基地（1500亩）先后通过广东省农业厅的无公害农产品认证。均安则鼓励农民开垦堤围滩涂地，冬种大头菜，面积逾3000亩。

二、创新产业空间

随着土地租金上涨及城市化发展，蔬菜种植效益降低，集约化种植逐渐减少。大头菜仍少量种植于桂洲四基、大福基、穗香、龙涌口堤围外河滩。均安大头菜驰名东南亚上百年。近年，均安大头菜腌制技艺入选顺德区非物质文化遗产名录，传承人欧阳剑清堪称子承父业，成功接棒大头菜厂，增资扩容，开办新厂，扩大种植基地，更别出心裁地将旧厂改造成集悠闲生活、头菜加工、产品展示于一体的文化旅游之地。

2017年，为重振黑毛节瓜种植业，一群土生土长的桑麻村人联合创办百生田园农业公司，打造40亩黑毛节瓜种植基地，并通过技术指导、品牌搭建、统一供销的形式，助农增收。其后，桑麻村依托“黑毛节瓜”这一品牌，政府、企业、合作社、农户多方联动，建立黑毛节瓜种植销售基地，开发黑毛节瓜文化旅游产业，发展特色农村集体经济，践行乡村振兴之路。2020年，百生田园公司携手口岸国际旅行社，通过旅游企业及旅游渠道的推广优势，将黑毛节瓜推向全国各地，全年销售黑毛节瓜12.8万斤。

近年精心打造的杏坛黑毛节瓜已成为品牌（陈炳辉 摄）

黄龙冬瓜已成为当今乡村农业品牌（梁秀娟供图）

2020年，黄龙村将2.7亩闲置地改建为冬瓜种植基地，并成立冬瓜文化合作社，打造“冬瓜文化种植体验基地”，重拾“碧江出只鸡，黄龙出个瓜”的文化自信，走出一条“黑皮冬瓜+瓜农+合作社+种植基地”的发展新路径。是年夏季，黄龙黑皮冬瓜产量近10万斤。同时，黄龙村委“以文代产”，通过举办冬瓜文化节，设立黑皮冬瓜文创馆、冬瓜农耕文化园，有力拓展冬瓜文化旅游产业的广度和深度。

黄龙村民种植冬瓜，探索冬瓜文旅产业（梁秀娟供图）

第五节
香云纱产业

一、丝织精品

香云纱，顺德特产，中国国家地理标志产品，是世界纺织品中唯一用纯植物染料染色的丝绸面料，被纺织界誉为“软黄金”。其做法是用薯莨的汁水对桑蚕丝绸坯料涂层，再用珠三角地区富含矿物质的河涌塘泥覆盖，巧借天时、地利、人和染整而成，行内称为“三蒸九煮十八晒”[①]。因穿着走路会“沙沙”作响，又名“响云纱”。

香云纱染整技艺传承数门古老工艺，成为国家级非物质文化遗产（韩建纯 摄）

① 包括浸薯莨水、晒莨、封莨水、煮绸、过乌、水洗、拉布、摊雾、卷绸、整装入库等工序。

宋代至明代，珠三角地区人民不断兴修围堤、开垦耕地，使得农田面积大增，花、果、菜、桑、麻等各类经济作物随之发展，加上明初广东当局规定各地种植桑麻，顺德逐步形成桑基鱼塘的农业生产格局。家庭传统的缫丝和丝织工业亦深入民间，龙山的象眼绸品牌（玉阶、柳叶）丝制品更是成为广东贡品进入朝廷而名扬京华。清代，顺德蚕桑业高速发展，缫丝、丝织、晒莨、刺绣等行业的地位举足轻重。伦教因地处顺德中心地带，素重丝织，至清末已拥有丝织户近400家、织机2600多台，成为顺德丝织业重地，更为香云纱的大量出现奠定了产业基础。

二、传承技艺

广东香云纱生产始于明永乐年间（1403—1424），清末渐入市民阶层，并广泛流行于岭南地区。香云纱具有凉爽宜人、轻薄柔软、遇水快干、不易起皱、富有身骨等特点，深受消费者青睐，远销欧美、印度、东南亚等地，被海外人士誉为“黑色闪光珍珠”服装。后受战乱、人造丝冲击、化纤兴起、莨绸产量骤降等因素影响，顺德香云纱日渐凋零，濒临失传。

香云纱产品已走向时尚舞台

20世纪90年代起，香云纱重新进入人们的视野，伦教成艺晒莨厂、深圳梁子公司等企业默默探索改良香云纱染整技艺。自2006年国家推进非物质文化遗产保护以来，顺德不遗余力地申报香云纱染整技艺和香云纱产品的各类保护。2008年，香云纱染整技艺入选第二批国家级非物质文化遗产名录。2009年，伦教街道选址顺德立交桥西南侧，成立香云纱文化遗产保护基地、广东省香云纱文化产业园区，打造香云纱保护基地、生产基地、研发设计基地、服饰发布展销基地和旅游集中地“五地合一”。近年，伦教相继出台一系列扶持办法及行动文案，构建香云纱产业生态圈，提升“伦教香云纱”产业品牌，推动香云纱染整技艺保护、传承和发展。

香云纱文化遗产保护基地（韩建纯 摄）

三、市场广阔

如今，顺德香云纱年产量200万平方米，产品销往杭州、广州和深圳等重要集散地。以伦教为中心的成艺、顺熙、远发以及深圳梁子时装等企业仍潜心研究，力求将传统技艺与时尚设计相结合，对接市场。国家非物质文化遗产顺德莨绸保护基地——天意莨园已于2019年落成，主体建筑形似一颗被切开的薯莨果，内设莨绸研发中心、莨绸博物馆、莨绸生活创意艺术馆、工作室等建筑。广东省香云纱文化产业园区则聚集香云纱博物馆、桑树园、印染坊、晒莨场、玫瑰园、现代农业园等功能区，让市民在采桑、体验农家乐的同时也可以参观香云纱的生产制作过程。

第六节 其他

一、菊花湾现代农业园

为加快花卉产业发展，构建长远可持续发展基础，继花卉世界后，顺德于2002年推进菊花湾现代农业园建设。园区选址勒流稔海村菊花湾，占地面积2114亩，规划建设为优质高效型出口农产品及园艺产品生产基地，集高端园景绿化苗木、名优花卉种植、特种高值水产、休闲观光旅游于一体的科技效益型现代农业园。

现代农业成为一个当今旅游热点（韩建纯 摄）

园区分设高端设施农业综合区、世界名龟园、农耕文化休闲旅游区三大片区。高端设施农业综合区800亩，以展示现代种植业的新产品、新技术为主。2017年，政企联合打造蝴蝶兰大世界项目，规划建成省级现代农业示范园区和省级农业公园。至2020年，已有68家蝴蝶兰种植户（公司）进驻，均采用智能温室种植，自动调控温室环境、控制灌溉和施肥作业，种植基地达650亩，年产量200万株，产值8.5亿元。

二、世界名龟园

世界名龟园占地1000亩，拥有名龟养殖生产、交易展览、技术培训、休闲观赏、养生保健、终端产品研发六大功能，打造省内最大的名龟交易平台。目前已有近百户高端名龟养殖商家进驻，汇集着黑颈龟、苏卡达陆龟、金钱龟等名贵龟种。每年6—9月龟鳖未进入冬眠期时，每逢周日，名龟园都会举办“龟墟”，吸引各地龟鳖商家、龟友前来交易、交流，每墟客流量近4000人。

三、万里碧道和六大公园

2020年，广东省部署万里碧道高质量建设。佛山市率先印发《佛山市碧道建设总体规划》，计划投资400亿元，分3个阶段推进1000千米碧道建设，串联全市万亩千亩公园、特色古村落及主要历史文化资源，联动自然生态文明、古驿道建设、乡村振兴和“百里芳华”，打造富有佛山特色的亮丽水生态名片。

同年12月16日，顺德区人民政府印发《顺德区万亩公园“一园一策”研究方案》，详细披露北滘大美公园、陈村花卉世界、均安东海绿岛公园、里海文化旅游公园、鲤鱼沙生态公园、伦教公园六大公园设计方案，全面启动万亩公园建设。

分布各处的美丽景致成为顺德当代旅游研学新亮点（韩建纯　摄）

静美自然的景色是人们向往的新天地，此为勒流勒北鲤鱼沙

六大公园均巧妙融入地域特点，涵盖特色农业产业及其延伸出的文化旅游产业链。例如：北滘大美公园以原顺德（莘村）花博园为核心，打造大美公园自然生态景观组团；陈村花卉世界则围绕陈村“大花卉”品牌建设，通过修复生态环境、活化生态空间，将花卉产业和文化旅游结合，打造花产、花境、花乡、花游四大主题休闲游憩组团；均安东海绿岛公园依托以草鲩为特色的淡水鱼主导产业及浓郁的岭南水乡风情，国家级康养产业示范基地——顺德港澳城项目，串联太子农庄、田园歌农场等农旅企业，推动农业、旅游业、康养业一体化发展；里海文化旅游公园依托历史遗产，结合生态湿地与渔耕田园资源，盘活文与水、古与山，塑造产、学、游于一体的综合型休闲文化旅游公园；鲤鱼沙生态公园以顺德水道为核心轴线，连接沿线的鳗鱼、加州鲈、花卉等特色农业产业景观，以及滨河生态、水乡美食、古村文化等元素；伦教公园则涵盖沿线传统香云纱晒场，展示香云纱非物质文化遗产的时代印记。

第三章

03

商 业 篇

第一节
古代商业发展及遗迹

在中国传统农业社会的价值观中，商人一直地位较低。尽管如此，先贤们对商业的重要作用有着极为清醒的认识，如《周书》载："农不出则乏其食，工不出则乏其事，商不出则三宝绝，虞不出则财匮少。"古人认为只有商业才能让"食""事""财"真正地流通起来。商业出现的基础是农业和手工业的高度发展。历史上的岭南地区开发较晚，手工业基础薄弱，唐代设立市舶使[①]。即使如此，中央政权对地方的管控仍薄弱。与发展商业孱弱的物质基础相比，"重农抑商"的传统思想影响不大，明清以来的士绅阶层崇商、重商，其中很多人直接经商。

明初是珠三角经济高速发展的起点，受到广州、佛山等城镇的影响，顺德地区农业商品化的进程加速，商品化的塘鱼养殖已经较为普遍。明万历九年（1581）至明末，陈村已成为顺德养鱼生产中心。在桑蚕方面，明永乐四年（1406），龙江、龙山两地土丝已出现在市场销售，标志着桑蚕在明初已成商品。在花木方面，明末清初时期陈村已成为珠三角花卉栽培技术中心，也出现专门销售花卉的花市。

受惠于宋代以来不断完善的堤围体系，珠三角地区海外贸易不断发展，城乡交流更加活跃，墟市、城镇开始发展起来。以"墟"为代表的乡村商业点和以"镇"为代表的经济中心地，结合津渡、商路，构成明清以来顺德主要的商业活动体系。

随着农业生产商品化程度的加深，顺德形成大量墟市，如大良之细大墟、陈村之新旧墟、平葛之乐从墟、勒流之人和墟、龙山之大冈墟。随着经

① 唐高宗显庆六年（661）创设市舶使于广州，总管海路邦交外贸。

济的发展，清代后期顺德又形成一大批专业墟市，如伦教茧绸市、乐从（沙滘、水藤）丝市、陈村花市、古楼鱼苗市等。墟市的精细化促进顺德以“两龙”（龙山、龙江）、陈村、大良、容奇为支点的城镇体系。

悠久的商业文明为顺德留下为数众多的商业文化遗产，其中许多墟市、城镇、津渡、商路留存至今，已演变形成独特的商业文化景观。

一、商贸遗迹

墟市至今仍在顺德人的日常生活中扮演着重要角色。新鲜丰富的土产、特色鲜明的叫卖展示顺德市井生活的生气。墟市很难被称为“旅游景观”，却是深入了解顺德风土人情的重要窗口。目前，顺德各镇均有定期的“墟日”和一些代表性的墟市。

（一）三洲墟

伦教墟市以三洲为盛。三洲向来以农业、养殖、畜牧为主要产业，蔬菜瓜果、三鸟禽畜、花鸟虫鱼、小吃特产品种丰富，价格实惠，逢墟日总会引来大批伦教、北滘、大良、大冈的居民前来淘宝。

三洲圩市人头涌涌（唐泽雯 摄）

（二）北水神仙墟

北水村是杏坛镇著名的文化水乡，也是辛亥革命先行者尢列的故乡。村内每年一度的北水神仙墟是顺德最大的乡村墟市，从乾隆年间至今已历200余年。北水神仙墟全长超过3千米，衣服鞋袜、生活用品、小食年货、花草宠物应有尽有。每一年墟日，许多商客都会从大良、容桂甚至广州赶来，购物的同时希望讨个好彩头。

200多年来，人们延续着神仙墟的习俗，将农商经济融进节庆活动中

（三）大冈墟

龙江、龙山古时便是顺德的经济发达地区，自古有“两龙不相认”的说法。如今，在龙山市场商业中心一带的龙山大道、涌尾街、涌南路、汇龙路，每月逢2、5、8日为约定俗成的龙山墟日，本地的特色美食、土特产品、日用物资应有尽有。热闹的墟日中呈现出幸福的生活味道。

（四）合兴当铺

形成于康熙年间的杏坛龙潭墟在民国时期就有店铺200多间。现存的合兴当铺是龙潭繁盛时期的见证。此当铺建于清末民初，专营典当业，起初名为“合兴大押”，是当时各县之最。当铺楼高5层，高24.50米，占地面积120.24平方米，建筑面积611.20平方米，为砖、瓦、木、石混合结构，红砂岩石基。目前，龙潭村已经将其建设成当铺文化展示馆。

建于清代的合兴当铺成为乡间商业经济的见证

二、城镇遗址

顺德立县时，朝廷并未将县城设置在较为成熟的“两龙”、甘竹地区，而是选择东部的大良。清代中期，“两龙”在经济与人口上已经无法与大良相提并论。大良经历了木、土、砖、石的变化，一些当时的城建遗迹幸运地保存到今日。

（一）大良凤岭古城墙

大良古城墙最早建于明万历年间（1573—1620），明后期逐渐易木为砖，其北望登峻山、桂畔海，西望凤山、碧鉴海，南望华盖山，东有濠水绕城。现存古城墙位于顺德大良凤岭公园山顶茂林深处，青砖砌建，南北走向，长约10米，高约3.5米，宽约4米，蔓萝覆盖其上，树根潜入砖石泥土，坚实牢固，古朴雄伟。

（二）伏波桥

伏波桥严格意义上不属于商业遗迹。然而，在大良的城镇系统中，伏波桥是一个重要的商业节点。伏波桥始建于明弘治四年（1491），于清康熙

新建的伏波桥传承着顺德古桥商贸历史的文化记忆

三十三年（1694）重修，楼门同桥下的8孔共9个眼，民间称“九眼桥”。清光绪年间（1875—1908）形成的上街墟及桑秧、蚕纸、茧市等“俱在伏波桥下”，是顺德县城最重要的贸易场所。经历岁月变迁，伏波桥演变为今日的桁架拱桥。怀着浓厚的文化情结，顺德于2005年在顺峰山公园异地重建“九孔桥”，再现伏波桥遗风。

三、商路

水道自古以来就是顺德的重要贸易沟通渠道。大良建城选址与其位于广州—澳门贸易航线上密不可分。古代顺德城镇体系中，陈村—大良—容奇的东部城镇轴线展现出旺盛的活力。

（一）桂畔河沿线

由桂畔河沿线景观步道和桂畔湖构成的自然生态区、观鸟区、水上活动区、森林绿化区、休闲度假区融为一体，9万平方米的花海错落有致，季相分明，极具视觉震撼力。

草碧花香、水天一色的桂畔海沿线是人们休闲锻炼的绝佳去处

（二）潭洲水道龙舟广场段

潭洲水道龙舟广场段是佛山首个以龙舟为文化主题，具备龙舟观赛、体育运动、休闲等多功能的开放式城市滨水休闲绿地。亚洲龙舟赛每年都在此举行。

可供人们观赏、参与、休闲的潭洲水道龙舟广场段（何广林 摄）

第二节
近代商业发展及遗迹

一、发展轨迹

当年岑国华就在此处设立顺德早期的缫丝厂。许多村民都曾在厂中工作（陈秀颜 摄）

清代中后期，中华大地面临“千年未有之大变局”，顺德的农业商品经济也开始融入资本主义的全球市场。在商业战场的风云变幻中，顺德商业曾引领时代风潮，获得无上的财富荣耀，亦曾萎靡不振，在混乱的时局中步履蹒跚。

顺德丝业是最早融入全球市场的产业之一。自1874年龙山出现第一间机械缫丝厂后，在不到40年的时间里顺德机械缫丝厂就达到140多家。

顺德形成以容奇、桂洲为代表的蚕茧、生丝流通与信息中心，以伦教、勒流、沙滘为代表的丝织中心。缫丝业孕育出顺德最早的一批民族资本主义工商业，如葛岸人岑国华先后创办大和生、瑞栈两家丝厂，后一度发展至18家，遍及珠三角各地，几乎垄断民国初年广东生丝的对外贸易。

缫丝业、种植业、手工业的繁荣催生一大波银行（钱庄、票号），以满足巨额交易产生的周转需求。顺德银号集中在容奇、桂洲、陈村、大良等地，仅容奇在最盛时就有信记、汇祥、益栈等银号40多家。银号之间强大的关系网、人情网成为顺德商业的重要资本。

丝业的繁荣也孕育出一个相对富裕的手工从业者阶层。早期缫丝厂女工每日收入约为银钱1—3毫，每月还有伙食银2两以及全勤奖励。较为可观的收入提升了工人的消费能力，催生一批消费行业和场所。商业往来的频繁也促进了餐饮住宿、航运交通的发展。这些因素与早期墟市、中心城镇的发展相叠加，形成民国时期顺德一批有代表性的商业街区。

丝业的发展对航运依赖度较高。清代中叶开始，顺德现代化的航运体系开始形成。机动轮船开始取代紫洞艇、脚踏车船渡，并形成固定的航班与航线。陈村、甘竹、容奇是当时的枢纽港口。

二、商贸景观

在丝业繁盛的年代，顺德本地就有银号40多家，顺德银号资本在广东占据主导地位。时至今日，这些银号已经在历史的变迁中烟消云散，具有实体的金融机构遗址极为罕见。作为重要的贸易节点，粤海关曾在陈村设立支关，在甘竹设立三水海关甘竹支关。这些关口已难觅踪影，只能在附近建筑中回想与眺望。

（一）容奇旧马路“银行巷”

该巷位于容奇旧马路旁。在巷口有一座规模不大的骑楼式两层砖混建筑，拱形的窗饰、几何纹饰的花纹，充满民国情调。据说这是民国时期的银号，名为“祥兴”。今日，“银行巷”早已不见呼风唤雨的气势，成为容桂祥和街景的一部分。

（二）顺德茂和钱币博物馆

顺德茂和钱币博物馆隐身于顺德伦教678文化街，由佛山企业家陈艺力联合古钱币收藏爱好者创办。作为顺德区已注册的两个非国有博物馆之一，这里藏有商周以来中国历代古钱币几十万枚，见证了中国4000多年光彩夺目

顺德第一个钱币展览馆（陈艺力 摄）

的钱币文化，同时也是一个集钱币交流、旅游项目开发、教育推广于一体的综合型博物馆。

（三）梁培基故居（知稼园）

知名企业家、爱国人士梁培基先生（1875—1947）故居。“知稼”意为教导子孙不忘家乡，不要忘记家乡亲人种植庄稼的辛勤劳动。知稼园早年荒废，于2010年重修，保留原有的家规家训石碑，专设思亲亭和纪念墙用于缅怀先人。

记录着梁培基家族读书、创业、家风传承的知稼园

三、商业街区遗迹

百货公司和沿街商铺的组合构成商业形态的最初版本。民国时期，在原有“两龙”、陈村、大良、容奇基础上，顺德发展出龙江石龙里附近老街、华盖路老街、容奇旧马路、伦教678文化街、陈村民族路、勒流悦来路老街等一批具有近代风情的街道。

石龙里古老的豪宅与笔直的街道见证了当年繁盛的商业（李子雄 摄）

（一）龙江石龙里附近老街

龙江镇历史上蚕丝业和淡水养鱼业相当兴盛，出现“四方商贾之地，六合堂奥之区”的繁荣墟市。现存老街建筑为清代建筑风格，三间两廊式布局；总面阔13米，总进深11.2米；正屋坐西北向东南，灰塑龙舟脊，高大镬耳山墙，素胎瓦当，青砖墙，红砂岩石脚；猫耳窗，红砂岩窗框，街门向西南；麻石阶上街门，麻石门框、门槛、门额，存趟栊门；花卉砖雕墀头保存完好，图案精致、繁缛，功力深厚。

（二）华盖路步行街

华盖里直街，旧称“八闸”，是清代及民国时期富裕人家的聚居地，全长635米，街道两旁为明代、清代西洋特色的岭南骑楼建筑，主色调为粉

华盖路步行街是顺德数百年间的商业中心

黄、粉绿、粉蓝的彩色骑楼。华盖路步行街是目前顺德最具代表性的商业步行街，内有多家老铺，兼有百货、小吃，是逛街休闲的好去处。

（三）容奇旧马路

容奇旧马路前身叫“圩头直街”，一直是容奇镇的商业中心。民国时期，丝业最为繁盛，旧马路酒家茶肆林立，还有长乐酒楼等。中华人民共和国成立后，百货公司、各类专卖公司设在容奇。容奇的塘鱼市场、糖业市场颇为繁华。旧马路现存建筑主要为骑楼。作为容桂渔人码头第三期活化改建工程，旧马路的改造已经在2019年完工，目前已成为容桂汇聚人气的新地标。

人们可徜徉街道中寻觅容桂时光

残存的旧建筑见证当年繁盛

（四）陈村民族路老街

陈村民族路老街见证了陈村作为商贾云集的“广东四大名镇”的繁华景象。旧时，这里商铺林立，海味街、金铺、银铺、药铺构成繁华的商贸区。火爆的戏院、喝早茶的同乐楼和繁忙的炮台脚码头汇聚于此。该街现存完整的骑楼建筑群、20世纪五六十年代百货公司遗址，以及许多富有地方特色的巷口。

（五）勒流悦来路老街

该街保留了完整的骑楼建筑群，与华盖路风格相似，街道主体形成于民国中期。20世纪70—90年代初是悦来路最繁荣的时期。当时的悦来路两边商铺林立，勒流镇人民政府的旧址（现为勒流街道①文化站）也设于附近。旧时此处茶楼、粮油店、钟表店等沿街分布，繁华热闹。2015年来，勒流街道开始对悦来路逐步改造，将其打造为集商业、休闲、生活于一体的街区。

① 勒流原为镇，2006 年改建制为街道。

第三节
中华人民共和国成立后的商业发展

一、历史概述

经历了过渡时期的短暂繁荣，私营工商业完成其历史使命。1951年，顺德县组建供销合作总社，全县第一家公私合营机构“健德行”成立。1955年，全县开始对私营工商业、手工业实行社会主义改造，至1956年底结束。至此，计划经济体制在顺德建立。“供销社”作为物资供应与流通的主体登上历史舞台。今日顺德的许多老街道中仍保留许多供销社大楼的遗址，如伦教678文化街、陈村民族路老街。一些供销社在改革开放的大潮中成功转型，完成社会主义建设时期的使命后，深度融入社会主义市场经济体系，谱写出震撼人心的商业奇迹，其中的代表就是乐从供销集团。

二、乐从供销集团

1951年，乐从供销集团的前身——顺德县第五区沙滘乡供销合作社成立。计划经济时期，有劳村、大墩、沙滘、水藤四大分社，经营果菜公司、日杂公司、工业品公司、糖烟酒公司，一方面使经济复苏，另一方面保障当时居民的供给。1994年，在劳松盛带领下，乐从供销社开始转制，全体员工集体购买公司股份，正式成立乐从供销集团有限公司，从此翻开崭新篇章。

目前的乐从供销集团是一家集商业、农业、工业、房地产业、旅游酒店业、投资、电子商务、物流于一体的多元化综合发展的集团公司，近几年企业经营总额达百亿元。

乐从供销集团的主要商业景观包括乐从新天地和中欧电商城。乐从新天地是供销集团总部所在地，是目前集团重点打造的购物街区，街区内完整的超市、餐饮业态，通过连廊、步道系统的组合有效提升消费者的游览体验。近年打造的天桥公社则为街区注入文化内涵。

一直探索市场发展的乐从供销集团（乐从供销集团供图）

中欧电商城是乐从供销集团涉足跨境电商物流的新尝试，并主打O2O线下体验模式。中欧电商城内专门设有一个占地15000平方米的民生馆。在家具体验馆里，顾客可以靠坐在展示品上感受椅子的舒适性，可以亲手触摸沙发的皮质感。顾客如果喜欢，只要扫一下商品上的二维码，即可在网站上查询产品的属性，挑选自己喜欢的产品颜色，网上进行下单。

目前，乐从供销集团总部大楼已经在沙良河畔的新隆地块动工建设。不久的将来，乐从将迎来又一处商业地标。

第四节 当代商业发展

一、参与国际市场

珠三角地区是我国较早开始近代化和全球化的地区之一。从明代中期黄萧养起义后涌起的海外移民潮，到近代缫丝业的昙花一现，敏锐的顺德人一直在感触着时代跳动的脉搏。历史的洗礼形成顺德人国际化的视野，而顺德人也善于从细微的民生行业开始积累，捕捉一个又一个商机，进而形成一个个产业集群。

令人惊叹的是，顺德人不是将“产业”理解为单一的制造业，而是善于将一个个生产性行业点石成金，打造为产业文化、产业旅游的品牌。由此，顺德形成具有“一镇一品”的产业——商贸旅游景观。

二、当代商业中心

（一）罗浮宫国际家具博览中心

该中心位于有“中国家具商贸之都”之称的顺德乐从，融合集创意设计、家具研发、商场运营、五星级酒店运营、商贸旅游于一体。罗浮宫国际家具博览中心是乐从家具十里长街第一个“国家4A级旅游景区”[①]，开创商业旅游的新模式，将旅游、购物有机结合。中心主要景观包括星座广场、金色大厅、鹦鹉椅、神迷园、创意园、彩虹廊、椅子塔等。内部有古希腊罗马廊柱、巴洛克等各种建筑风格，以及精美的欧洲历史壁画和精湛的马赛克艺术。

---

① 2016 年 12 月被纳入国务院印发的《“十三五”旅游业发展规划》。

融合家具销售、展示、商务洽谈于一体的罗浮宫国际家具博览中心

（二）顺联家具城

顺联集团有限公司的前身为始创于1987年的北联商业公司，1989年开始涉足家具城开发，1994年成立顺联实业公司并牵头联合开发了顺联家具城。顺联家具城（北区）拥有合理的商场布局、便利的交通、齐全的配套设施和完善的经营服务体系，金融结算、外贸服务中心、室内停车场、客户服务中

顺联家具城（张信流 摄）

心、大型货柜装卸区、酒店、餐厅一应俱全，是一个顺应国际化发展需求的现代化专业家具商贸流通中心。目前，顺联家具城（北区）有近400家国内外品牌商户进驻经营，形成卧室客厅家具、红木家具、办公家具等三大家具系列项目。顺联家具城（南区）设有沙发采购中心、酒店家具采购中心、家居生活馆、现代家具馆及欧式新古典体验馆五大专业家具采购区，具有交通便利、厂家直营、一站式服务、星级消费品质、售后保障完善等特色。

（三）乐从国际会展中心（IEC）—家具名城

该中心于2014年9月正式升级为“国家4A级旅游景区”，位于乐从家具十里长街之首，是乐从家具十里长街第二个“国家4A级旅游景区”，建筑体系设计新颖，气势宏伟，功能齐全，堪称国内家具展馆的经典之作。乐从国际会展中心（IEC）—家具名城建筑面积10万平方米，分A、B两座，拥有一流的设备、先进的管理系统和游览观光系统。其中，A、B座1、2层经营软体沙发、套房家具、客厅家具、酒店家具、户外家具；A座3层为家居饰品；A座4—6层经营中式家具、红木家具和古典家具。而B座3、4层都为品牌办公家具；5层为高档的欧式家具的展厅。其经营范围几乎涵盖所有家具类型，能满足海内外广大客户的需求。

乐从国际会展中心（IEC）—家具名城（顺德区乐从镇宣传文体旅游办公室供图）

（四）亚洲国际家具材料交易中心

该中心位于顺德龙江镇，紧邻325国道和佛开高速公路，交通便利。亚洲国际家具材料交易中心占地近1000亩，开发具有产权的商铺面积逾120万平方米，业务涵盖家具材料交易、家具材料展、货运物流、酒店、办公等全亚洲规模最大的一站式综合家具材料交易平台。目前，中心吸引来自全球的1000多家各式家具材料商家入驻经营，已初步形成皮革布艺料、五金配件、油漆化工、包装材料和木皮等四大门类交易市场。中心还是国际家具博览会、亚洲国际家具材料博览会的重要承办地。

亚洲国际家具材料交易中心推动顺德家具产业发展（李子雄 摄）

（五）顺德前进会展中心

该中心于2001年竣工，是一个现代化的大型商业项目。中心交通四通八达，周边云集大型餐饮娱乐中心、星级酒店、300万平方米的家具商场、150万平方米的家具材料专业市场，为展览提供更大便利，是从事商业贸易的黄金宝地。中心的设计具有前瞻性，在整体设计、施工、设备的配置等各个环节都充分考虑到经营的多样性，如展览、大型商场、专业市场、酒店、写字楼等多种功能，可灵活使用。中心已成功举办30多届国际龙家具展览会、顺德涂料展览会、顺德家具材料及机械配件展览会、华南塑料机械展览会、茶叶博览会、家具直销节、购物节等，已接待过来自80多个国家和地区的客商共100多万人次。

顺德前进会展中心成为龙江家具展销宣传的重地（李子雄 摄）

（六）周大福珠宝文化中心（伦教）

该中心位于中国的珠宝名镇——顺德伦教镇，是展示珠宝产业文化及推广伦教珠宝产业发展的高品位文化旅游点，于2014年11月获评为“国家3A级旅游景区”。景区内设有播放周大福品牌和发展历史短片的多功能厅，展现珠宝时尚文化，为人们揭开制造珠宝的神秘面纱。时光隧道内有多名专业匠师，现场展示钻石的镶嵌、打磨和黄金的批花、抛光等工序，让参观的市民身临其境，对珠宝制造工序和珠宝文化有更深的认识。精品展示区展示全球最大的黄金福星

展现周大福珠宝设计时尚与理念的周大福珠宝文化中心（顺德区伦教街道宣传文体旅游办公室供图）

宝宝，身高70厘米，重量达16800克。其他展柜内摆放的是各种主题的精品珠宝首饰，供市民任意欣赏。此外，中心还经常举行丰富多彩的活动盛事，及对合作伙伴提供沙龙、特惠购、品鉴会等专享活动，为参观者提供丰富的文化旅游体验。HOKO kiosk展示区是深圳前海（周大福全球商品购物中心）的缩影，摆放的全都是来自几十个不同国家的进口正品，参观者可以在这里体验线上下单流程，享受优质生活的便捷。

第五节 电子商务与代表企业

一、崛起与腾飞

21世纪的第一个10年，以阿里巴巴为代表的电商企业迅速成长，并渗透到研发、生产、流通、消费等实体经济活动中。长久以来，顺德制造业处于产业分工的下游，未能建立起渠道控制权和价格话语权。为此，商业嗅觉灵敏的顺德人早在2013年就出台了促进电商发展的系统规划。近10年的时间里，家具、家电、钢铁、服装等传统产业聚焦电商转型，在促进产业升级的同时也培育出本土的品牌电商企业平台。

二、代表企业

（一）佛山飞鱼电子商务科技公司

该公司（简称“飞鱼电商”）位于北滘新城CBD核心区域的怡和中心，是华南地区最大的电子商务公司之一，是全国最大的家电类电子商务运营企业。飞鱼电商主营业务为网络品牌孵化创建、电子商务代运营服务、电子商务视觉设计服务、电子商务咨询服务等，服务遍及天猫、淘宝、京东、唯品会、亚马逊、1号店、苏宁易购等10多个全球知名电商平台。飞鱼电商孵化创建德尔玛电器、奇克摩克数码这两个国内知名的电子商务领域自主品牌。

飞鱼电商还在原大型旧工厂全新重金打造出国内第一个电商视觉产业基地——飞鱼电商视觉工厂。这个视觉工厂完美结合了员工工作与娱乐等各种硬件设施，颇具创意特色的视觉文化营造了更轻松、快乐的工作环境。

（二）广东小冰火人网络科技股份有限公司

该公司（简称“小冰火人”）总部位于顺德容桂，是顺德电子商务龙头企业之一，主要业务为电商零售、数据营销、视频直播、客服外包、跨境电商营销，现拥有一个超500人的专业和系统化电商团队。小冰火人在大家电、小家电、数码影音、个护美妆、母婴快消等行业为客户提供电商服务。

2013年小冰火人获广东省十佳（电子商务）优质服务企业称号

第六节
商业综合体

一、新商圈的出现

随着经济发展，人们的收入及消费水平不断提升，传统的消费习惯正在发生改变，消费行为已不单纯是购物，而是向着休闲娱乐、满足精神层面需求发展。在此过程中，一批体验式的商业综合体应运而生，即所谓的“商圈”。顺德城市具有分散组团的特点，商业中心也呈多点布局的形态。这些新兴的商圈与传统的墟市、沿街商铺、专业市场构成了顺德多元化的商业形态。

二、大良商圈

（一）德胜河北岸商圈

商圈以保利广场、大信新都汇、美的置业万达广场三大商业地产项目为主体，每个大型购物中心均有超过200个知名品牌进驻，集吃、喝、玩、乐、购于一体。其中，美的置业万达广场项目按“24小时立体都市”模式，打造万达MALL、星级酒店、百变小户、餐饮金街、超市、创客SOHO等一系列配套物业，以体量超38万平方米、200米高的全玻璃幕墙成为城市坐标，是大良最高的商业综合体塔楼。保利广场、大信新都汇、美的置业万达广场项目的开业，使德胜河北岸商圈跃升为大良乃至顺德最具聚集效应的高品质商圈，同时也进一步凸显大良作为顺德商业中心的重要地位。

美轮美奂的大融城

（二）大融城

即原永旺购物中心，是顺德老牌商圈之一，共5层，建筑面积约98万平方米，满足购物、餐饮、休闲娱乐、社交、商务、教育等多种需求。

（三）印象城

顺德印象城位于大良东部片区，形成集休闲、购物、娱乐、美食为一体的多元化时尚消费模式，是城市综合大型商场的创新产品。印象城总体面积近8万平方米，有约200个知名国内外品牌入驻。其中主力店有沃尔玛、卢米埃电影城、H&M、优衣库等。

三、容桂商圈

容桂天佑城于2005年开业，至今已经走过17个年头。商城集旅游、购物、休闲、娱乐、餐饮于一体，总建筑面积超过12.5万平方米，主力店包括优衣库、ONLY、SELECTED、马克华菲、星巴克、大地影院、乐购超市等。

容桂天佑城

四、北滘商圈

美的新都荟广场定位为体验式休闲娱乐旗舰，集时尚购物、休闲娱乐、家庭亲子教育、健康美食、儿童游乐等功能于一体，体验业态占比达77%。旗下主力店除了君豪逸园酒店、维也纳国际酒店外，还有星巴克、欢唱KTV、香港艺达国际影城、美力恒健身俱乐部、魔方习题电玩城、北方家宴、顺客隆跨境电商等众多优质品牌商家。

美的新都荟广场是岭南经济重镇的其中一面（周志锋 摄）

五、陈村商圈

陈村顺联广场地处陈村商圈，由10座主题鲜明、风格统一的建筑有机组合而成，经营面积达8万平方米，是集购物、餐饮、娱乐、文体、休闲、观光等多功能于一体的综合性购物中心。

陈村顺联广场成为连接广州、顺德经济贸易的重要枢纽

六、乐从商圈

（一）乐从天佑城

乐从天佑城总建筑面积约25.6万平方米，商业面积达12万平方米，是一个拥有商业购物、休闲娱乐、商务办公、生态景观、居住资源五大城市形态的150万平方米大型城市综合体。商场内独设的国内首个室内大型空中海洋馆，总水量为3000立方米，鲨鱼、鳐鱼等鱼类养殖数量高达3000条，可供游客观赏的水下隧道长30米，观赏面多达16个，是融合观赏、科普、休闲为一体的大型海洋馆。品牌主力阵容包括卜蜂莲花大型超市、横店电影城、活力无限KTV、优衣库、美特斯邦威、星巴克、必胜客、麦当劳等。

乐从天佑城成为人们享受现代城市生活的重地

（二）星耀101

星耀101囊括了约4万平方米一站式主题商业与3000平方米SOHO的都市生活综合体。星耀101是佛山文化中心、世纪莲体育中心摄影的绝佳取景点，是一个具有艺术人文价值和公益效应的主题商业综合体。

（三）佛山新城夜间经济旅游带

潭洲水道游船项目基于发展夜间经济、增强大都市时尚与活力的目的而开展。游船航线采用环线巡游的方式，从龙舟广场出发，至沙电码头返

赏景锻炼最佳处（区润伟 摄）

万家灯火不夜天（区润伟 摄）

航，航行时长约1个小时。游客泛舟水上，将途经灯笼沙生态岛、北滘站，遥望世纪莲体育中心、坊塔等地标建筑，感受工业码头的硬朗，体会水杉林的梦幻。

七、龙江商圈

盈信广场紧邻龙江镇人民政府和龙江文化广场，占地约5.8万平方米，总建筑面积约14.2万平方米，楼高99.68米。项目业态包含约9.2万平方米的超大型购物中心、3.5万平方米的国际四星酒店——联塑万怡酒店（全球三大酒店集团之一的万豪酒店集团下属主力品牌）、2万平方米的高级写字楼及豪华酒店式公寓。项目定位为集商业、商务、酒店、居住等多种功能于一体的大型城市综合体。

盈信广场（李子雄 摄）

八、杏坛商圈

宏汇城占地约3.6万平方米，主体建筑包括4栋3层高的小型商场、1栋4层的大型综合娱乐购物中心、1栋40层158米高的标志性建筑塔楼。集购物中心、商业步行街、酒店、公寓等业态，集餐饮、百货、休闲、娱乐等于一体，主力店包括卜蜂莲花超市、大地影院等。

宏汇城成为杏坛当代城镇生活的中心

第四章

文化旅游篇

第一节
旅游概况

一、发展历程

2008年9月，人们于顺德龙江镇左滩村西部发现了商周时期的文化层，采集了一批商周时期的陶器、陶片和石器。这是首次确认距今3000多年前顺德已有人类活动的痕迹。

目前发现的先民足迹主要集中在勒流、杏坛两地，还发现蚬壳、蚝壳、水生鱼类及梅花鹿、黑熊的存在。陶罐、陶灶、陶屋、陶猪等古陶器，让我们得以探知顺德先民的分布，探索顺德的历史地貌、发展情况，以及先民在征服大自然过程中的成果。

人们从左滩村蘇洲岗可回溯3000多年前顺德先民的生活

查阅《顺德地名志》，近百个古村已经于唐宋时期开村，遍布顺德各镇街。聚集区仍以勒流、杏坛两地为主；龙江、乐从次之，均有十几个村落开村；然后依次为北滘、陈村、均安、伦教、大良、容桂等地。①

明正统十四年（1449），冲鹤堡人黄萧养领导农民起义。起义平定后，明景泰三年（1452），朝廷划出南海东涌、马宁、鼎安、西淋四都三十七堡及新会白藤堡置顺德县，以大良为县城。建县后，民众因势利导，兴修堤围，发展基塘农业。顺德日益繁盛，成为民丰物阜的福地，自明代起，便有“岭南一壮县”的美誉。

顺德人兴修水利，拓垦沙田，因地制宜，塞堑为塘，叠土成基。近代以来，碾米业、成衣业等实业不断发展，更获得广东丝业中心的地位，被誉为“南国丝都”。丝业的发展确立了顺德金融资本在广东金融界的地位，顺德因此有“广东银行”之称。

其后，机械制糖业的兴起逐渐成为顺德经济发展的亮点。土沃人勤的顺德敢开风气之先，不断吸收国内外先进的生产技术，更新观念，农商并进，增添着“岭南一壮县”的活力。

改革开放以来，顺德凭借蓬勃朝气的产业群先后获得“中国家电之都”“中国燃气具之都”“中国涂料之乡”等国家级荣誉。至2021年，顺德已连续多年位居全国综合实力百强区首位。目前，顺德正大胆试、大胆闯、自主改，形成“顺德样板”“顺德示范”，为全省高质量发展提供经验借鉴。

二、景观特点

这里说的景观主要指顺德的人文景观，包括文物建筑、时代风貌、宗教文化、民俗风情、文化艺术等类型的景观。

① 统计数据源于顺德县地名办公室编《顺德地名志》（1987 年版）。

（一）复合型旅游资源

改革开放以来，顺德已经由一个岭南腹地、内河交错的水乡，发展为远接国际、对标世界的经济重镇。“顺德制造”“顺德样板”的产业个性，赋予当地旅游资源独特性和丰富性。其特点是将城乡建设、产业活力、生态旅游、文物建筑、美食融为一体。

融绿水青山、运动休闲于一体的顺峰山公园

2006年评选的“顺德新十景”中，既有清代已闻名远近的凤岭朝晖、清晖毓秀、古宅金辉，也有极具岭南水乡风情的逢简水乡，有汇集古典园林元素和现代公园理念营造的顺峰山公园，更有代表着顺德产业发展新气象的花海奇观、家具之都，是新与旧的融合，新农业经济与工业经济成果的综合呈现。

近年，旅游资源在此基础上融合美食品牌，向文化旅游、生态旅游、研学体验类方向发展。目前，已涌现出“国家5A级旅游景区”——融合游玩、体验、亲子活动等元素的长鹿旅游休博园，既是美食网红打卡点也是顺德

“三旧”改造典范的渔人码头，具有时代特色、水乡元素的顺德华侨城欢乐海岸，以体验岭南田园生活为特色的新地农场，以古典园林手法营造的岭南和园等。

（二）规模性文化场馆

坐落于大良街道文秀社区的中国共产党顺德县支部展览馆展现顺德早期革命历史（陈洁莹　摄）

“博物馆之城”建设给顺德文化场馆的发展提供了机遇。2017年12月27日，中共佛山市委召开佛山建设“博物馆之城”重点工作推进会，正式启动“博物馆之城”建设，推动博物馆事业进入快速发展期。多个镇街、村落依托文物建筑、水乡环境，建设村史馆、名人馆、艺术馆，使乡村游更具历史厚度与深度。出自国际建筑设计大师手笔的北滘和美术馆①，科普性和趣味性强的顺德自然科学馆，龙江镇人民政府依托珠三角著名大型堤围、入选世界灌溉工程遗产名录的桑园围建成的系列文化、博物馆。

对党史教育的重视和系列红色场馆的落成，使顺德旅游资源增添了活力。遍布顺德各镇街的革命旧址、遗址，以及红色文物资源，是共产党人百年奋斗历程的有力见证，是红色教育的生动课堂。如中共顺德县支部展示

① 外文名称为 He Art Museum，简称 HEM，因其空间设计以“和谐”为主题，故名为“和美术馆”。

座落于均安镇沙头社区的黄有权革命事迹展览馆（黄艳雯 摄）

馆、顺德大革命时期革命历史展览馆、黄有权革命事迹展览馆等红色场馆，既具有教育意义，也融入了参观体验、视觉艺术，是深度旅游的切入点。

（三）完整水乡景观

顺德位于珠三角中部，境内为江河冲积平原，河涌交错，土地肥沃，气候温和，雨量充沛。在村落水口处建成的古塔，与水相关的古桥、古塔、庙宇、埠头、码头众多，不少保存完整，甚至仍发挥生活功用。

顺德古村更是呈现水乡生活的综合载体。分布于多个镇街的古村落，如逢简、马东、古朗、仙涌、林头、碧江、黄龙等，保存了传统农村的社会生态和空间格局。宅、街、桥、埠、树等乡村中最重要的元素依河涌分布。小涌清可鉴人，石路古朴幽然，古榕浓荫蔽日，实为难得一见的水乡美景，是人们怡性养神的绝佳环境。

古朗村落布局以祠堂为中心，以古桥为节点，有“三关、六寨、五拱

古朗村存留着水乡原始的风貌

桥”之说。现存的起凤桥、引龙桥、跨鳌桥优美动人。荣获“中国最美丽乡村”称号的江义村，引入北江水源，连接原有的村内河涌，形成一个“六水四基”流水不腐的良好生态网络，是岭南“基塘耕作”的典型代表。村内河涌亦美，碧水荡漾绿葱茏，清澈可见鱼虾游，孩童嬉戏，笑语嫣然，一派新农村繁盛、和谐、活力的景象。

（四）文物建筑

古祠、古庙、古桥是岭南传统水乡的核心吸引力之一。顺德文物建筑丰富，对外公布的不可移动文物共464处。其中，国家级文物保护单位2处，即清晖园、顺德糖厂旧厂房；省级文物保护单位25处，尤以祠堂、庙宇、桥梁最为突出。清晖园是岭南四大名园，是岭南园林的杰出代表，在省内享有较高的知名度。

祠堂的文物价值派生出深厚的旅游价值。祠堂是乡村最重要的礼仪性建

典雅庄重的祠堂是人们认识顺德的重要窗口

筑，倾注大量人力物力建成。顺德以“顺德祠堂南海庙”著称，祠堂数量和质量雄踞岭南前列。多个镇街的祠堂，因应当地村落布局、人文历史的不同，呈现各不相同的特色。不少村庄有“祠堂街”，数间规模宏大、挺立高耸的祠堂，沿着河涌分布，蔚为壮观。细看祠堂，水磨青砖、高大石脚、梁架木柱均用料考究，木雕、砖雕、陶塑、灰塑、壁画等岭南工艺更是琳琅满目，体现着明清时期社会的最高工艺水平，更倾注着人们对乡村建设、人与社会、人与自然的思考。祠堂既是文物，也是旅游资源，是人们了解历史、接受传统文化熏陶的场所，备受寻根旅游者的青睐。

顺德神明信仰与水息息相关，并融合时代精神，达致活态传承。在龙母信仰繁盛的顺德，每年五月初八的龙母诞，各地彩龙汇聚龙潭龙母庙前，展开狂欢式的游龙竞美，其中宣扬的是劝人为善、积极向上的朴素观念；观音开库日，信众早至容桂观音堂借库，午至龙山紫云阁观“烧大炮”，晚至勒流连杜村品尝“生菜会”，在“有借有还”的仪式中践行着重诺守信的契约精神；顺德天后诞，尤以勒流众涌、伦教仕版为盛，信众心目中天后已是集无私、善良、慈爱、英勇等传统美德于一体的精神象征。龙舟、龙眼点睛等民俗，依托古庙宇的保护利用，蛟龙起舞，风生水起。

水乡古桥形式多样，三孔石拱桥、石梁桥、木板桥、树生桥等，形式多样，体态轻盈，是古村风韵最突出的表现。

因而，文物建筑作为顺德人文旅游景观的重要组成部分，具有时代活力。围绕古建筑举行的别具特色的文化活动，吸引远方游客，形成充满现代气息的人文旅游资源。

第二节 顺德新十景

“顺德新十景”于2006年选出。顺峰山公园、清晖园、陈村花卉世界、碧江金楼、小龙乐园（包括李小龙祖居和生态乐园）、宝林寺、逢简水乡、乐从家具城、西山庙、德胜文化广场等10个景点被评为“顺德新十景”。

一、顺峰揽胜（顺峰山公园）

依傍太平山、坐拥人工湖的顺峰山公园，依据山势地貌，构筑“山色水韵”主题的自然与人文景观。三跨式巨型中式牌坊气势夺目。园内水域涟漪、楼阁依澜、亭台玉立、曲廊古榭，并设“桂海芳丛”“汀芷园”“步云

山青水秀的顺峰山公园

迳”“雅正园”，岭南传统建筑氛围浓郁。湿地花海、四季大草坪、顺峰花海，鸟语花香，暖风轻拂。盒子美术馆、龙舟汇等艺术展示场馆和粤剧大观园、光影文化展等人文活动，使景物怡人的园林更有活力与时代感。

地点：顺德新城区西北部太平山麓。

二、清晖毓秀（清晖园）

清晖园与东莞可园、佛山梁园、番禺余荫山房并称“广东四大名园”。清晖园原为明代万历状元黄士俊（顺德杏坛右滩村人）的府邸，清乾隆年间（1736—1795），由进士龙应时购得。清晖园龙家也创下“一门六进士十二举人”佳绩，因而清晖园是著名的“状元府邸”“进士世家”。

清晖园经龙家一门数代精心营建而成，极具岭南风情。布局以小见大，追求不对称的自然之趣。庭园曲径回廊，景趣盎然。园内幽深清空，布局紧凑，步移景换；建筑物形式轻巧灵活，雅致朴素。园内有大量装饰性和欣赏性的陶瓷、灰塑、木雕、玻璃。园内妙联佳句俯仰可拾，名人雅士音韵尚存。主要景点包含真砚斋、惜阴书屋、船厅在内的10多座清代建筑，具有珠江“紫洞艇”风格的船厅尤为突出。

清晖园现为全国重点文物保护单位，被评为“国家4A级旅游景区”。

地点：大良街道清晖路23号。

廊曲亭秀、草木葳蕤的清晖园

三、花海奇观（陈村花卉世界）

陈村镇历史悠久，在西汉时称“龙津”。传说在东汉年间，这里出了位陈太尉，后人在此建陈太尉祠，此处渐渐改称“陈村”。

如蝴蝶张开翅膀迎接天下宾客的花卉世界大门（顺德建筑设计院供图）

陈村位于广州城区、番禺、佛山城区、南海、顺德五地交会处，是顺德的“北大门”。由于地理位置得天独厚，陈村素来是商贾云集之地，是著名的“鱼米之乡”和“花卉之乡”，历史上曾与广州（今老城区）、佛山（今禅城区）、东莞石龙合称“广东四大名镇”（旧称“省、佛、陈、龙”）。陈村花卉种植业兴盛，至今仍有“千年花乡”和“岭南花卉第一镇”的称誉。

目前陈村花卉已走上产业化道路，拥有集花卉生产、销售、观光旅游、科研、信息五大功能于一体的花卉交易中心——陈村花卉世界。景区内布局和设施以花卉为主题，以现代农业、观光、旅游为中心构想，万紫千红、绚丽多彩。

地点：陈村镇陈村花卉世界。

四、古宅金辉（碧江金楼）

在北滘镇碧江村的一条祠堂街中，有金楼、慕堂苏公祠、亦渔遗塾和包括职方第、泥楼在内的多间岭南民居。建筑年代贯穿明、清、近现代，以清代建筑为主。建筑形式融祠堂、书塾、大型清代民宅、砖雕大照壁为一体，蔚为壮观。

其中被誉为“金楼”的藏书楼最为著名。这座藏书楼原名“赋鹤楼”，是兵部职方员外郎苏丕文所建的藏书楼，建筑年代为清代嘉庆、道光年间（1796—1850）。建筑形制为单进两层高，青砖墙、麻石脚。房屋内部的木作装饰和饰金工艺甚为讲究，木雕雕法多样，有深、浅、浮雕，以及线刻、镂雕、玻璃镶嵌等，内容遍及各种花卉与动物，并于表面施以泥金和贴金，金碧辉煌，故名“金楼”。

地点：北滘镇碧江村泰宁西路。

金碧辉煌的碧江金楼（周志锋 摄）

五、叠翠藏龙（小龙乐园）

以李小龙命名的小龙乐园，距离均安上村李小龙祖居仅约1千米。乐园依山傍水而建，布局设计依托其原有生态环境，青山环抱、湖泊连绵、绿树成荫、空气清新、环境清幽，以“自然+生态+研学”的游览方式，为游客提供感知动物、植物奥妙的最佳去处。

乐园拥有李小龙纪念馆、雄伟壮观的人工瀑布、世界最大且载入吉尼斯纪录的17米高凤凰雕塑、世界最大的李小龙像、山顶观景亭、桑基鱼塘生态农庄。其中，李小龙纪念馆以李小龙的生平、武艺、演艺和家族史为主；李小龙像由花岗岩整石雕刻而成，总高达18.8米，基座高5米，雕像有力地跨出右腿，仿似做着攻击的动作，蔚为壮观。

地点：均安镇沙浦路。

李小龙乐园（均安镇宣传文体旅游办公室供图）

六、宝林瑞气（宝林寺）

今天人气鼎盛的宝林寺原址为大良凤山南麓，初名“柳波庵”。始建于10世纪的五代后汉（947—950），清康熙年间（1662—1772）重修扩建后，易名“宝林寺”，取“净土七宝树林”之意。

20世纪90年代，在太平山西麓重建新寺，寺院南北青山拥抱，桂畔河蜿蜒于山下，西南靠德胜海。新寺分前庭公园、主体殿阁。从山下眺望，依山布局，因地制宜，殿宇恢弘壮丽，楼阁鳞次栉比、碧树绿荫，深具岭南寺庙园林的庄重与优美。

地点：大良街道宝林路。

庄严大雅的宝林寺

七、书香水韵（逢简水乡）

逢简村位于顺德杏坛镇北端，有“岭南周庄”之誉，曾获“2020年中国美丽休闲乡村”“第四批中国传统村落”称号，是当代中国为数不多最为耀眼的古村落之一。

水满小河花满岸的逢简村

逢简村四面环水，自南往北流过古村，汇入西江支流。村内以水道为界，河涌呈“井”字形。村民依水而居，生活惬意，出行方便。水乡景观丰富，端庄淡雅、古朴大气、华丽精巧的逢简祠堂，面水而立，沉静而深邃。古桥的飞虹美姿与河涌两相辉映，涌因桥而明媚，桥因涌而生姿。私塾书院历经岁月沉积而静谧、清幽。

地点：杏坛镇逢简村。

八、家具之都（乐从家具城）

顺德乐从家具城延绵十里，以乐从红星美凯龙、罗浮宫家具国际博览中心、顺德皇朝家私、顺联家具城北区四大商场为主，容纳海内外3400多家

乐从家具城（梁斌　摄）

经销商户，展示各式家具2万多种，是全球最大的家具卖场。这里不只是生产、展销家具，还将家具提升到家居文化的高度，建筑华丽，具现代感，艺术氛围浓厚，且场内酒店、餐饮、交通等配套完善，已形成了集观光旅游、购物休闲、商务贸易为一体的特色区域景观。

地点：325国道顺德乐从路段。

九、凤岭朝晖（西山庙）

西山庙是清代“凤城八景”之一、当代“顺德新十景”之一的凤岭朝晖所在地。庙宇始建于明嘉靖二十年（1541），现存清代光绪年间的风格。庙侧的三元宫是大革命时期最早的县级农民自卫军干部学校旧址。

史载顺德设县筑城时，计划在西山开西城门。凿山开路时挖出“青龙偃月刀”，与关羽之名刀同名，故建关帝庙镇之。由于庙在西山山麓，又称

呈现凤岭朝晖景色的西山庙（梁舒扬 摄）

“西山庙”。庙宇进深三进，依山构筑，山门宏丽；庙内陶塑、砖雕丰富多样，题材多围绕三国故事；屋檐下、引墙上灰塑琳琅满目。

庙内现设顺德大革命时期革命历史展览馆，一展顺德儿女在烽火中点燃革命理想的峥嵘岁月。

目前，西山庙为广东省文物保护单位。

地点：大良街道文秀路西山山麓。

十、德胜夜色（德胜文化广场）

德胜文化广场于建成之初，即以其华灯竞放、异彩纷呈的夜景闻名。随着文化设施的完善，顺德区博物馆、顺德区图书馆、顺德文化艺术发展中心等持续运营，德胜文化广场已然是顺德文化活动的聚集地。

博物馆内常设有“顺德人　顺德事——顺德历史文化陈列”“奋进之路——顺德发展成就展”，李小龙展厅、书画展厅、粤剧曲艺展厅等专题展厅，以及顺德区非物质文化遗产展示体验馆、顺德区书画艺术展示体验馆。图书馆与文筑社企书店结合，是集图书、咖啡、读书会、文创精品、美学艺术、会务活动、公益电影、文化创客、展览活动、慈善爱心书屋于一体的文化活动空间。

顺德演艺中心为综合性大剧院，是顺德区文化建筑的重点项目，由大剧院、音乐厅和附楼组成。“顺德之夜”大型文化活动精彩纷呈。德胜文化广场已是顺德城市文化新形象的代表之一。

地点：顺德大良新城区。

璀璨绚丽的德胜夜色（陈炳辉　摄）

第三节 水乡风光

一、古桥

弥漫着浓厚水乡气息的顺德，溪流淙淙的乡间，古桥弯弯，散布各镇（街道）。顺德传统的石桥形式多样，体态轻盈。小巧的拱形横跨不知名的小涌，确有初月出云般的美感。

古桥或集当时当地全乡或全族之力而修建，如乐从水藤的玉麟桥、杏坛马东的镇龙桥；或是取得功名的名士或在外经商致富者，不忘回乡建祠筑路修桥，造福乡亲，如宋代李仕修在逢简修筑的明远桥及巨济桥等。

（一）贞女桥

古桥的魅力在于引人入胜的故事，又名“老女桥”的贞女桥即为一例。南宋时，龙江吴妙静与新会李姓男子订婚。婚期已至，李姓男子来迎，渡龙江水溺毙。吴妙静于宋嘉定四至八年（1211—1215）在未婚夫溺死处以嫁资修筑五孔石梁桥，一以纪念尚未成婚的丈夫，二以方便行人。这背后寄托了沉重而动人的哀思。

桥梁东西走向，跨越白鹤滩，宽3.5米，长49.6米，为五孔石梁桥。桥面石料不一，青石、咸水石、麻石混用。这是历经数百年不断修建的痕迹。桥上清晰可见的凹槽痕迹，更是昔日车马喧闹的见证。

桥上竖有“贞女遗芳”牌坊，为明嘉靖二十八年（1549）广东督学张希举有感于吴妙静的义举而立，出自明代学者湛甘泉[①]手笔的“贞忠义行无能

① 生于1466年，广东省广州府增城县甘泉都（今广州市增城区新塘镇）人，明代著名的思想家、哲学家、政治家、教育家、书法家、大儒，卒于1560年。

有800年历史的贞女桥已成为顺德重要的历史见证

并，古往今来第一人”铭文，是给予吴妙静的极高赞誉。

目前，这座顺德现存文献记录中最早的石梁桥，是广东省文物保护单位，更经妙手修复，拓展为贞女桥公园。

贞女桥现为广东省文物保护单位。

地点：顺德区龙江镇世埠居委会。

（二）明远桥

顺德乡间有“李仕修筑五桥生五子”传说。宋庆元己未年（1199）科进士李仕修定居逢简。有鉴于逢简河涌纵横、水网交织、一河两岸，行人来往很不方便，故斥资修建5座石桥，明远桥即为其一。

传说是否可信，已无从考究，明远桥已是修桥积德的象征。桥有三拱，中间高，两边低，质感旧朴、体态端庄，各与水中倒影组成大小椭圆。桥拱上方正中，嵌有“明远”石匾，无年款。透过桥拱，可见涌水蜿蜒向前，岸边榕树一半枝叶笼罩在河涌上，幽静、安逸。

古老的石拱桥为水乡增添一分动人景色（马锡强 摄）

遥想当年，明远桥想必是重要的商贸、出行通道。因为一般桥梁以石台阶上落桥面，而明远桥则是两边通道采用斜坡形，没有砌置石级，车马能畅通无阻。

明远桥现为广东省文物保护单位。

地点：顺德区杏坛镇逢简村潭头坊。

（三）古朗拱桥（引龙、起凤、跨鳌）

古朗村临甘竹滩，紧邻西江支流锦鲤涌。通达的江水使古朗具有“清溪曲曲绕村流，古桥座座跨水道”的乡村美景。引龙、起凤、跨鳌这3座石拱桥，如垂虹卧波，造型优美，即为最佳景观。

引龙桥位于村内择桂坊。锦鲤涌水流入古朗，村内分成南北两支流，其中一支流入引龙桥，恰如锦鲤一跃入村，登龙门、摘桂枝，故有“一朝摘桂登龙门”之说。

起凤桥与引龙桥构成一段“天市景色世间少，金龙彩凤出青云”的美景。引龙桥两岸是小商品集散地，唤作“天市街”。人们从起凤桥东侧的青云坊出，跨越起凤桥，可达天市街。熙熙攘攘，景因人美。

跨鳌桥背后则有一段建桥利民的传说。昔日，一小书生每天都由父亲背着趟过河涌到对岸的私塾上学。其间，经历过被水冲倒、书籍全湿的辛酸。考取功名后，书生便在河涌上建跨鳌桥，以馈父亲及乡亲。

可见，桥梁与村落布局、河流走向等环境如此契合，既是水乡生活的遗存，亦是人文追求的寄寓。

精致优雅的石拱桥

（四）林头古桥

从唐代起，林头已有人聚居，至宋代开村。因地处桂林堡八乡之首，故有“桂林首步”的说法，得名“林头”。

开村后，沿着河涌走向，建筑房屋，以板石铺砌街巷。为方便交通，在墟市河涌上建设石拱桥，形成屋后小河、屋前石路的建设格局。至今仍保存完好的有明清时期所建的大通桥、丛兴桥、聚龙桥、见龙桥、通济桥、扭另桥、跃龙桥等7座古桥。大通桥为石拱桥，如彩虹横跨溪水上，小舟穿桥而过，显现“小桥流水人家”的景色，为古林头八景之一“大通烟雨”。其余各桥多为石梁桥，石材构筑的桥墩历风霜仍牢固如昔。桥面或铺设石板，或铺设木板，体态端庄稳重，各具特色。

地点：顺德北滘镇林头社区。

雨中古桥别具诗意

（五）广孝桥及广孝桥碑

明代司礼监太监傅容为方便傅氏族人扫墓而在小河上筑构了小桥，故取名“广孝”。明弘治四年（1491）始建，次年建成。桥为红砂石桥墩、木板桥面；东西走向，跨黄连内河涌，宽3.8米，长7.2米；桥面不设栏杆。

桥旁立《广孝桥记》碑，碑长1.63米（以地面见度计），宽1.05米，四边饰云水纹，碑脚伴以朵云纹。碑额阴刻《广孝桥记》篆书，碑文记述这位身世坎坷、思亲至孝的修桥人。

傅容，黄连村黄岸基人。7岁丧父，13岁时遭遇黄萧养起义，母亲、兄弟相继逝世。无依无靠之下，他被选入皇宫，弘治年间（1487—1505）升司礼监太监，为内侍府最高官职。身处深宫的他对家乡甚为思念，自述“水木之思，未尝顷刻忘也”，于是回乡修桥建祠，造福乡里，桥也因而得名。

地点：顺德区勒流镇黄连村基尾。

广孝桥流传着一段动人的故事

（六）御波桥

御波桥始建于清咸丰年间（1851—1861），重修于光绪十一年（1885），完整地保留了清后期的古桥风韵。桥为单孔石拱桥，东西走向，飞跃过清澈河涌的桥身，长16.3米。桥由白色麻石构筑，不掺杂其他颜色石料，通体淡白、高洁，桥下为涓涓细流的小涌，颇有一点“所谓伊人，在水一方”的味道。前后栏板各刻“御波桥” 三字，落款为“光绪十一年乙酉仲春重建”，栏杆两端置4只石狮。

地点：顺德区伦教街道三洲居委文明东路。

通过御波桥，可感知100多年来人们对乡村格局的尊重与呵护

二、庙宇

顺德人近水而居，喜祀奉与水相关的神明，如妈祖、观音、龙王、龙母、五龙、伏波神、洪圣、真武等，民间信仰体系斑斓多姿、深沉丰富。与之密切相关的建筑装饰艺术更是遍布顺德乡村，呈现出兼具文化内涵与美学意趣的水域风情。

顺德历史积淀深厚的锦岩庙（卢瑞生 摄）

（一）锦岩庙

锦岩庙是“明末岭南三忠”之一陈邦彦[1]讲学的旧址，始建于明代，清康熙、雍正、乾隆、嘉庆、道光年间曾5次重修，保持明清建筑风格。庙宇依山而建，坐西向东，正殿祀奉观音，左、右偏殿祀奉北帝、天后。该庙所在山体石块多为赭红色，名“锦岩岗”。岗顶岩石平坦，地势高旷，月夜登临，天高地阔，清风开怀，古来已为人们赏月的理想去处，为清代“凤城八景”之一“锦岩夜月”。现在登临望月亭，环视四周，放眼眺望，满月生辉，一幅大自然的美景展现在眼前。

地点：顺德大良街道北区。

① 顺德龙山人，生于1603年，早年设馆讲学，为当时南粤硕儒名师，1646年起兵抗清，1647年战败被杀。有《雪声堂集》10卷、《南上草》《易韵数法》《中兴政要》等作品遗世。其长子陈恭尹与屈大均、梁佩兰并称“岭南三大家”。

（二）龙眼太尉庙

龙眼村古称“龙渚”。由于“渚”意为“水中小块陆地”，“龙渚”意为“龙汇聚之处”，龙眼村也就成为龙眼点睛的最佳场所。龙眼点睛又称“龙头祭”。历史上每年农历五月初三，顺德、南海、中山等地的龙舟汇聚在勒流龙眼村进行点睛。村落也专门挑选江水流入龙渚村的位置，设为“龙船澳”，供各地到此点睛的龙舟停泊。

太尉庙是龙眼点睛文化的核心空间

太尉庙为龙眼点睛地点。庙宇建于明天顺年间（1457—1464），于清光绪二十三年（1897）、1995年重修或重建。庙宇坐西北向东南，头进祀奉汉太尉[①]，二进祀奉观音。点睛之日，各地龙舟汇聚此处，祭拜、迎龙、抚龙、接龙、参拜、点睛、赠物、回龙、龙宴、游龙、庆龙等仪式，隆重非凡。点睛后的龙舟不再是盲龙，而是生猛而充满灵气。

地址：顺德区勒流街道龙眼村新涌路。

---

① 周勃（？—前169年），西汉时期开国将领，曾平定吕氏诸王叛乱，拥立汉文帝即位。

（三）龙潭龙母庙

以“龙”为名的龙潭古村源自西汉，建自宋末。“龙”在龙潭建村历史中举足轻重，民间传诵“龙化于此”。

南宋咸淳元年（1265），象征龙潭“龙”信仰中心的龙母庙（又称“孝通殿”）创建。以龙母庙为依归，商铺买卖者日益聚集，拜祀者远近偕来，民众渐稠。其后，庙宇经明嘉靖（具体年份不详）、清乾隆四十四年（1779）、道光五年（1825）等多次重修。高大马头封火山墙，山墙上饰以丰富的灰塑。庙宇内木雕、石雕、砖雕精彩纷呈，是顺德清代庙宇建筑的杰出代表之一。

旁为五龙神庙，道光五年（1825）建，光绪二十四年（1898）、2004年重修。庙内存《重建龙母天后五龙三庙碑记》等清道光、光绪年间的碑刻，展示龙的文明、祥和、奋进精神，以及如何引领龙潭人晴耕雨读，弥足珍贵。

地点：杏坛镇龙潭村圩庙前大街5号。

龙母庙是折射顺德女性文化传统的重要区域

（四）众涌天后古庙

800年间，众涌天后古庙成为勒流人重要的文化空间

宋代出任福建莆田知县的众涌人卢爱澜，任期届满之时迎天后归乡，建庙奉祀，即为今天的众涌天后古庙。历千百年香火的庙宇依然香客如云，为顺德天后信仰的中心之一。

庙宇现存清代建筑风格，最引人注目的是其巧夺天工的石雕艺术。麻石虾公梁隔架科上，浮雕花鸟。花卉枝蔓缠绕，线条流畅，鸟穿行其间，动感十足。前檐柱更是大型浮雕盘龙石柱，龙身缠绕，盘柱而上，中饰有云纹。龙头高昂，双目圆睁，龙嘴微张，口内含珠可转动，体态生动，工艺精美，刻有“西江永兴隆造”字样。这样精湛的工艺少见，具有很高的历史、艺术价值。

地点：顺德区勒流街道众涌村高巷大街2号。

（五）容桂观音堂

顺德观音开库活动以容桂观音堂为最盛。“观音开库”指农历正月二十六的民俗活动，传说观音在当日查点钱库一次。子时，观音菩萨将大开金库贷款助民。不少信神者于此日到各处观音庙“借库”“还库”，以求财运亨通。

活动最为兴旺的容桂观音堂历史十分悠久。庙宇“建自南宋，迄今近千年，吾乡神庙无有先之者”。堂内存7块石碑，年代跨度为明万历十一年

（1583）至清道光十四年（1834），一笔一画，均是庙宇辉煌历史的见证，更是各时代民众对生活美好期盼的记录。

观音堂是每年观音开库的重地

正月二十五晚至二十六凌晨，信众到观音堂“借库”“还库”。信众如织，香火缭绕，划过道道金色的弧线，观音堂变成热闹的天光墟。此外，还有转风车、打边炉（吃火锅）、生菜会等独具特色的民俗活动。生菜包主要原料为蚬肉、生菜、韭菜，取其“蚬肉大发”“生生猛猛”“长长久久”寓意。

地点：容桂街道容山居委白莲路。

三、古祠

顺德兴建祠堂，始于宋元，盛于明清。清代中后期，俗以祠堂为重大，族祠至二三十区，大小祠堂遍布城乡，为数逾万，素有“顺德祠堂南海庙”之誉。祠堂构筑宏丽，建造精美，广泛采用木雕、砖雕、灰塑等各种具有岭南建筑风格的装饰，精妙绝伦。

（一）杏坛祠堂

杏坛是顺德祠堂的重镇，祠堂数量最多，保存的明代祠堂最多。其中不少祠堂特色鲜明、形制独特，是解读华南祠堂的重要切入点。

1. 逢简刘氏大宗祠

逢简刘氏大宗祠是顺德早期祠堂的代表。从宋元到明初，被称作“影

比顺德建县（1452）早37年的刘氏大宗祠

堂”“望祭亭”等的简单祠堂建筑在顺德出现，用以奉祀祖先遗像。逢简刘氏大宗祠前身即“影堂”，是明永乐十三年（1415）由刘氏定居逢简后的第五代人刘观成始建。明天启年间（1621—1627）进行过修缮，扩建东西钟、鼓二楼及周边楼阁等。清嘉庆年间（1796—1820）、2002年均有重修。

建祠人刘观成是顺德建县历程中的英雄。明正统年间（1436—1449）爆发黄萧养起义，刘观成率族人组成民兵组织，保护村居宗族，但最终村落失守。刘观成因患风湿导致脚不方便，拒绝逃难，与儿媳、孙子一起遇难。为纪念刘观成，族人于其遇难日举行大军忌，拜祭刘观成，并宣讲其事迹。

祠堂的明代建筑风格突出，屋顶曲线和缓，多用青灰色调的鸭屎石（又称“咸水石”），自有端庄、含蓄之美。中堂追远堂的石雕栏板上，麒麟、龙、狮、鱼等种种瑞兽云集其中。刘氏先民透过富有寓意的石雕，悠悠地向数百年后的来者述说祈求福、寿、富贵的美好愿望。

祠堂现为广东省文物保护单位。

2. 右滩黄氏大宗祠

顺德建县后第一位文状元黄士俊家族祠堂面阔五间，进深三进，占地1638平方米。头门前廊梁架雕饰非常精细，配以门前石狮，极为壮观。两侧门额上分别混雕花鸟纹饰和“兆启鳌头”“徽流燕翼”8个大字，使人一看便知此座祠堂出过状元。右滩黄氏大宗祠格局开阔、气势雄伟，祠前地堂仍存有多块旗杆夹石，昭示右滩黄氏所获功名。

祠堂现为广东省文物保护单位，辟为顺德状元文化博物馆。

沉雄典雅的右滩黄氏大宗祠

3. 光华梁氏大宗祠

清同治十年（1871）所建的状元梁耀枢家族祠堂为一间典型的清代中后期祠堂，面阔三间，进深三进。头门虾公梁雕饰较精细，最引人注目的是堂前高高竖起的狮钮旗杆夹，上刻“同治十年辛未科会试中式第二百二十三名进士 钦点状元及第”。

精致典雅的光华梁氏大宗祠

（二）乐从祠堂

乐从位于顺德区的西北部，同时位于佛山市中心组团新城区——东平新城的南部，距广州市区仅30千米，毗邻港澳，东平河、顺德水道夹镇而流，商业发达，也是著名侨乡。

乐从祠堂特点：一是壮丽华美，规模宏大，让人印象深刻；二是海外乡亲参与建祠。

1. 沙滘陈氏大宗祠

顺德最出色的祠堂之一，规模宏大，形制规整，装饰精美。清光绪二十一年（1895）兴建，二十六年（1900）竣工。广三路、中路五间三进的宏大布局，规模罕见。

祠堂有壁画、木雕、砖雕、石雕、陶塑、灰塑等装饰构件，无一不精。

深宏开阔的沙滘陈氏大宗祠

木门额上刻“陈氏大宗祠”5个楷书大字，边框雕人物图案。大门两层门枕石，雕有“一品寿鹿”“雀鹿蜂猴”图案。门前有高大抱鼓石。内有18个隔扇组成的东京木屏门，满雕花草树木、鸟兽虫鱼图案。屏门前置酸枝等名贵木材雕成的神案，重达3吨。前、中、后三座高达2米的屋脊上，分别有工艺精湛的灰塑、栩栩如生的人物形象、色彩鲜艳的花草树木、鸟兽虫鱼和山水风景。宏伟的建筑物，加上这些美丽的装饰，如锦上添花，更显巍峨壮观、富丽堂皇。

尤为引人注目的是来自海外的木材。陈氏族人陈泰（又名“陈瑞田”）在马来西亚做矿产生意，大获盈利后回乡积极建祠、建房。他曾参与组织建祠，资助酸枝、花梨、菠萝格、柚木、坤甸木等名贵木材。

该祠是顺德祠堂的重要代表，现为广东省文物保护单位。

2. 路州祠堂

路州村中的周氏大宗祠、黎氏大宗祠、关氏大宗祠均为三路三间三进的大型祠堂，保留清代后期建筑风格。以周氏大宗祠为例，硬山顶，高大灰塑脊，垂脊上的灰塑人物、狮子生动，主体建筑为人字封火山墙，左、右路建筑为水式山墙，步梁人物雕花并贴金。砖雕墀头和萱草图案丰满。木门额的边框雕有精致花纹。木门绘有门神。大门下两层门枕石。该祠堂体量庞大，气势恢宏，石雕、木雕、砖雕、灰塑装饰无所不精，为顺德其他祠堂所少见。

沉雅典丽的黎氏大宗祠吸引着学生前来欣赏

3. 沙边何氏大宗祠

沙边何氏大宗祠是反映清初祠堂特色的标本。明间瓦顶高，次间瓦顶稍低，形成两级跌落式瓦顶，独具特色。木檐枋通雕精美花鸟动物纹样，檐枋

沉雄庄重的何氏大宗祠（邓燕芬供图）

上出七踩斗栱托檐。前廊步架木雕图案丰富。次间设鸭屎石包台，台基上雕有麒麟等瑞兽纹饰，刻工刚健有力。其中头门斗栱构架殊为难得：3根雕花木檐枋连贯着4根方石柱，除却柱顶上的4组斗栱，木檐枋上还施用10组驼峰斗栱铺作，较好地体现斗栱的建筑力学意义。现为广东省文物保护单位。

4. 大墩梁氏家庙

祠堂所在地“金马坊玉堂里”，已昭示祠堂的与众不同。头门档中“一品当朝”4个硕大金字，更是点出祠堂主人梁衍泗翰林学士、一品大员的身份。梁衍泗为明崇祯元年（1628）进士，曾任副都御史。崇祯对其赞誉有加。故而，族人在祠堂内专设“圣谕亭”，内原挂有供奉崇祯皇帝对梁衍泗嘉奖“圣谕”的匾额。亭前石阶有团龙石浮雕，是顺德祠堂的个例，极具参考意义。

独具明代官家祠堂意韵的大墩梁氏家庙

（三）北滘祠堂

位于顺德东北部的北滘，古称“百滘”，意为“百河交错、水网密集”，是广州来往西江、北江船只的必经之地，工商业发达。北滘祠堂特色鲜明，大型祠堂相对较多，并拥有数个祠堂群。在顺德祠堂历史上具有特殊意义的报功祠、五间祠也坐落于北滘。

1. 报功祠

这可能是顺德有记录最早的祠堂。祠堂可分为宗族祠、英烈祠、贤士祠等三大类。报功祠当属英烈祠。祠堂的背后有一段凄美的爱情故事：宋末，黎梦周奔赴临安参加科举考试，但惜适逢飓风，溺死。未婚妻莫氏得知后，也恸绝而亡。家人将他们合葬于桃源墟。其后，有贼劫掠乡村，望见山上古松大树，仿佛成千上万军队，旗帜蔽天，惊吓之下，仓皇撤退，村民得保安全。于是村民建祠祀奉，并由御史钟善经（本村人）郑重命名为“报功”。

顺德历史上最早有文献记载的祠堂——报功祠（周志锋 摄）

祠堂历经重修，现在人们仍可透过雄浑并略呈弯月形的梁架、平缓的瓦面坡度这些明代建筑特征，感受祠堂的古老与肃穆。脊檩“大明天顺四年岁次庚辰十月二十九辛未日合乡重建”铭文，对研究顺德祠堂演变有重要意义。

2. **尊明堂苏公祠**

又称“五间祠”。放眼整个顺德，尊明堂苏公祠的建制相当特别。顺德面阔五间的祠堂有尊明堂苏公祠、右滩黄氏大宗祠、逢简刘氏大宗祠、林头郑氏大宗祠等寥寥几家。逢简刘氏大宗祠面阔31.8米，林头郑氏大宗祠面阔22.3米，右滩黄氏大宗祠面阔26.5米，沙滘陈氏大宗祠面阔25.2米。尊明堂苏公祠面阔五间32.5米，横向尺寸宏大，规模引人注目。之所以能达到这种效果，是因为柱间的跨度扩大到极致。表征之一，就是其他祠堂柱间额枋上仅放置1朵驼峰斗栱，甚至不需要驼峰斗栱辅助支撑。但尊明堂柱间距离太

规格宏大且保留明代建筑特征的尊明堂苏公祠

宽，檐柱之间的檐枋上各置铺作2朵驼峰斗栱。这些驼峰斗栱纹饰、如意纹饰简朴而细腻，细部构件又不失优雅、精美，在明代顺德祠堂中不多见。该祠为广东省文物保护单位。

3. 慕堂苏公祠

这是晚至1947年才入伙的祠堂，直到现在仍被老一辈乡亲称为“新祠堂”。其亮点是保留顺德祠堂少见的砖雕大照壁。此照壁是广州陈家祠砖雕作者之一——名匠南海梁氏兄弟的代表作，刀法更加成熟，有“麒雄拱日”“杏林春意”“九狮全图”“三羊启泰”等花鸟、瑞兽题材，气势宏伟。

北滘镇境内其他规模较大的祠堂：林头郑氏大宗祠三路五间三进，占地1175平方米；广教杨氏大宗祠三路三间三进（原为三间四进的大祠堂），占地2720平方米，雕饰做工精细。均规模较大，形制规整，值得一游。

此外，也有不少历史较悠久的村落，如林头、桃村等，现在仍保存祠堂群。

恢宏的慕堂苏公祠（周志锋 摄）

（四）均安祠堂

均安地处顺德西南部，三面临水，除三华、沙头等古村外，不少村居是明清时期才成村的新沙。“均安”一名源于清咸丰年间始设于仓门、三华两村交界处的均安圩。纵观均安祠堂，多是广府地区典型的紧凑、精致的庭院格局，小巧、规矩，但工艺讲究、稳重、端庄、精致，极具可观赏性。

1. 三华村欧阳氏祠堂

巨源、接源、中顺、皃川、浩川、三多、寅卫等一系列欧阳氏宗祠荟萃在邻近镇街的三华。其中，中顺欧阳氏宗祠是建于明万历年间（1573—1620）的古祠，不着重于精雕细琢的装饰，而是简朴、稳重，充满柔性美，灰瓦、青砖、红石，色彩低调、含蓄。

2. 仓门村梅庄欧阳公祠

梅庄欧阳公祠是镇内以雕琢精细、装饰华美见长的祠堂，堪称广府地区晚清祠堂的代表作。建于清光绪八年（1882），因封檐板上的“二十四孝全图”木雕，简练、活泼而深蕴传统价值观，为人津津乐道、口耳相传。

梅庄欧阳公祠石门额、绍德堂堂匾，字迹工稳平和、势雄力健，尽显咸丰九年（1859）探花李文田（顺德均安人）的笔意。族人喜以“仓门村外孙”来称呼这位才华出众的探花郎，并深以为豪。

散布于祠堂墙楣的花鸟、人物、山水壁画多是著名壁画师杨瑞石的手笔，生动有趣。《携柑送酒》《寻梅图》等人物壁画淡雅明远、含义隽永。大门正中的“壹带图”人物衣带粗犷有力，两老者倚树桩、酒坛，侃侃而谈，一文士举杯畅饮，旁边伺候的一童子含笑张望，憨厚自然。

该祠现为广东省文物保护单位。

梅庄欧阳公祠内景（黄艳雯 摄）

（五）龙江祠堂

龙江位于顺德西部，是清代、民国时期比较富庶的“两龙地区”。境内有商周时期人类活动遗迹——麻祖岗遗址、宋代古桥——贞女桥。镇内值得一说的祠堂不少。

1. 坦西张氏九世祠

典型的晚清岭南建筑，张扬、挺拔、瞩目。高耸的人字封火山墙，尖端直指蓝天，营造出逼人的气势，使祠堂成为乡村建筑的视觉、心理中心。祠堂前有翼墙一对，墙楣上置“杏鸟齐鸣”“松鹤延年”等多幅砖雕，雕刻较精细，构图丰满。

砖雕精雅的坦西张氏九世祠

2. 梅氏大宗祠

端庄、规整、秀美的梅氏大宗祠建于清康熙五十七年（1718），完工于清雍正元年（1723），重建于清同治四年（1865）。一砖一石、一木一瓦，

雅致秀丽的梅氏大宗祠

糅合清代早、中期建筑的含蓄、低调，以及清后期的纤细、秀美。祠堂虽经风蚀斑驳，但清晰传达梅氏先贤“要好子孙，须从尊祖敬宗起；欲光门第，还自读书积善来”的淳朴意念。顺德祠堂的建筑特色和人为赋予的含义，可见一斑。

3. 察院陈公祠

龙江祠堂保留了一个非常珍贵的例子——察院陈公祠。其头门是一种很有趣的做法，完全有别于顺德其他祠堂。顺德绝大多数祠堂头门为硬山顶，少数有歇山顶（如北滘林头梁氏二世祖祠）。而察院祠头门以斗栱托庑殿顶，后勾连头门硬山顶，将庑殿顶与硬山顶巧妙结合。明间瓦顶高，次间瓦顶稍低，形成两级跌落式瓦顶，形制独特。华南理工大学博士冯江在其学位论文中认为：“不在双坡硬山屋顶的上方而是在其前方直接嵌上四柱三门的牌楼。结合了牌坊和双坡硬山屋顶的形式，很有可能蕴涵着头门形制演变

将庑殿顶与硬山顶巧妙结合的察院陈公祠在顺德祠堂发展史上具有重要意义（麦铭堂供图）

的重要线索。”因此，察院陈公祠在顺德祠堂发展史上具有很重要的意义。

察院陈公祠现为广东省文物保护单位。

（六）陈村祠堂

陈村位于顺德北端。原称“龙津”，东汉时村头建有陈太尉庙，以纪念太尉陈临，后改名“陈村”，以花卉种植开辟出岭南文化中的一块沃土。明清时期，陈村人口稠密、物产丰富、商业兴旺、交通发达，是商贾云集之地。在这里既可以体验规范建筑的古旧祠堂，亦可一睹突破传统的民国祠堂建筑。

闸门楼构成完整的乡村防护与地域边界结构

1. **大都甘氏祠堂群**

这是一处融合闸门楼、私塾、祠堂、荷池多种元素的整体景观。穿过“渤海东关”闸门楼，似是穿越时光，来到清代，置身甘氏家族晴耕雨读的生活中。

所谓闸门楼，通常位于村落的入口处，是防贼、防盗的安全设施，当地人称之为“闸门”。“渤海”为甘氏的郡望之一。“郡望”是古称，原指郡中为众人所仰望的显贵家族，后演变成某一姓氏追根溯源的象征。

穿过闸门楼，即为一字排开的4座古建筑，坐西北向东南。从左至右包括棠溪甘公祠、甘氏家庙祠、渤海书院、云叟甘公祠等建筑，中以“江表名流”“雍胜”等青云巷隔开。每一间的规模均不大，但规规整整，人字封火山墙，灰塑博古脊，脊上饰灰塑花鸟。

顺德少见的保存完整的祠堂群

祠堂群前为荷花池。村庄、祠堂布局多追求“前有照，后有靠”。“前有照”意指前面应有水，因此祠堂多临水塘或河涌。若没有水池，亦设法挖筑水池，以藏风得水。

2. 岐周梁公祠

岐周梁公祠位于大都村，明万历年间（1573—1620）始建，1937年重建，坐西南向东北，融入西方建筑材料及风格，是顺德祠堂中的个例。

岐周梁公祠大门形制较独特：头门为三间五楼仿古牌坊，红砖墙，绿琉璃瓦，砖砌斗栱、牙砖，正中以拱门进出；中堂门呈拱形，罗马柱支撑；后堂的混凝土梁架，上饰精美灰塑。大门形式、梁架形式、装饰工艺，均大胆采用反映时代特色的新式材料。

中西合璧的岐周梁公祠成为顺德近代建筑技艺与文化的代表

展现《三字经》历史的区氏大宗祠成为祠堂活化的新探索（劳联英　摄）

3. 登洲区氏大宗祠（三字经公园）

区氏大宗祠位于陈村潭洲村登洲，面向东平水道。始建于明嘉靖元年

（1522），虽历经重修，但仍保留清代建筑风格。祠堂内设《三字经》文化展览馆，展示以《三字经》为核心的中国启蒙文化经典的发展演变历程，是一个集观光、旅游、教育于一体的文化场馆。

4. 仙涌朱氏始祖祠

朱氏始祖祠位于陈村镇仙涌村，于明万历十三年（1585）由朱氏族人为祀奉始祖朱圣而建。清代曾重建，但明代建筑那低调而质朴的特点仍凝固于祠堂石材中。石材为咸水石，也称“鸭屎石”，因颜色呈青色，表面坑洼而得名，是明代、清初常用的石料。

祠堂坐西南向东北，三路建筑布局。中路面阔三间14.5米，进深三进带后花园，共55.8米。头门前后共设有4个咸水石包台，表面斑驳，较为低矮。这是一种旧形制，可见于部分顺德明代祠堂。至清代后，很多祠堂已简化为

充满明代祠堂建筑特色的朱氏始祖祠

前面两包台，甚至不设包台。祠堂内，部分柱子呈八棱形，部分梁架采用月梁形式，雕有麒麟、缠枝花卉、龙纹等纹饰；木雕相当精美，颇能供人欣赏、品味。

因而，朱氏始祖祠是顺德现存规模较大的明代祠堂，见证着顺德祠堂形制的演变，具有较高的价值。

（七）伦教月池何公祠

伦教位于顺德中部东面，在晚唐已有居民。原称“海心沙”，后因明代乡判郑循斋管理乡务有方，朝廷赐予“伦常之教”牌匾奖赏，故改名“伦教”。面积最大、保存较好的伦教祠堂莫过于月池何公祠。

月池何公祠建于清初，保留了月梁、梭形柱建筑特色。所谓月梁，是指梁架呈微弧形，中段稍向上曲，两端稍下弯而略细，如天边眉月，美其名曰“月梁”。这种月梁在岭南多见于明代、清初建筑，是年代久远的符号。梁下灵动的缠枝花卉纹饰动感十足。梭形柱指木柱呈梭形，中部粗壮，上下两端略细，结构稳定之余，更以略有变化的曲线柔和了祠堂的整体架构。

开阔舒朗的月池何公祠（林庆河　摄）

但祠堂最蔚为壮观的还是中堂檐下的斗栱。中堂木檐枋上探出一层又一层的弓形肘木，称为“栱”；栱与栱之间再设方形垫木“斗”。层层承托之下，屋檐较大程度外伸，气势逼人，形式优美，在顺德祠堂中极少见。

（八）大良罗氏大宗祠

隐藏于大良城区闹市的罗氏大宗祠虽然仅存头门，但极为特殊和重要。这里是顺德建县历史的见证，是实现男女同校的教育先行地，也是广东文物保护的成功范例。

祠堂号“本原堂”，始建于明代，为建县功臣罗忠的家族祠堂，现存清代建筑风格。历经数百年风雨的罗氏大宗祠曾迎来废除科举的重大变革，于1906年办起家塾式的学堂——本原学堂，是当时中国为数不多的新式学堂，用以培育本族子弟，稍后更开始招收女生，成为顺德男女同校教育的先行者。

2006年，祠堂更是实现整体向后平移5米的历史性举措。万众瞩目下，明代古祠借助千斤顶作用，在预设轨道上缓缓后移，为大良道路建设、城市规划让出宝贵空间。地砖、石雕花贴面、石墩等构件，也已预先将原有构件

保存清代建筑形制的罗氏大宗祠

全部卸下，妥善保管，统一编号，平移完毕后，再对号入座原样拼装。这成为继2001年广州锦纶会馆平移之后广东省第二例文物单位整体平移的工程。

（九）勒流祠堂

勒流即“逆流”。北江水本该向东流，但流经此地却逆转向北，故称“逆流”。因“逆”字不吉，改以土话音“勒”字以求“勒水长流”。位于顺德中心地带的勒流是顺德早期人类活动较多的地方。至今，这里仍较完好地保留着汉代的古墓群、贝丘遗址、明清祠堂群、古桥、古码头，是一个古意浓浓的现代化小镇。

1. 大晚祠堂群

在大晚胜利大道的北侧，自西向东就有昆池卢公祠、敬业卢公祠、见宾卢公祠、日华卢公祠、月宇卢公祠5座祠堂朝南而立，是一个难得的祠堂集结地。浩川卢公祠建于明末清初，是

大晚众多的祠堂反映出当年卢氏家族的繁盛（顺德区勒流街道宣传文体旅游办公室供图）

勒流现存较老的祠堂，门前放置鸭屎石鼓，又被称为“石鼓祠”。大门楹联“姜水源流远，范阳世泽长”，向世人诉说着卢姓的渊源。一对门联，见证着一个宗族的渊源、迁徙。

村内还有两所并排南向的祠堂，因采用的建筑石材一白一红，乡人习惯称之为“白祠堂”“红祠堂”。“红祠堂”万庄卢公祠建于清宣统三年（1911），2000年重修。檐板做工精致，有“宣统三年”“本市南朗”字样。隔架科的斗栱上雕有书卷，较少见。后堂轩廊梁架上的漆金“太白酒醉”等纹饰十分精细。白祠堂见川卢公祠建于清光绪十年（1884），因大量运用白麻石而得名。

2. 扶闾廖氏宗祠

扶闾廖氏宗祠是一座比较典型的清代后期祠堂。前堂挂有状元庄有恭（1713—1767）题写的柱联“天下第一等人忠臣孝子，世间无双事业治耕读书”，由此证明此祠堂于1767年前已经存在。

祠堂的亮点是布满墙顶的壁画，出自岭南壁画大师杨瑞石之手。人物衣带飘飘，线条利落遒劲，颇有苏六朋绘画的大家之风。花鸟画有“春去花还在，人来鸟不惊”的意境，山水画则呈现出清丽幽远、层次分明的水墨山水风格，是顺德祠堂壁画的经典之作。

精美的壁画体现出清代人们的审美时尚

祠堂附近保留的近光阁一层阴刻“世綵文峰”行楷，二层阴刻“近光阁”隶书。阁内顶部吊着文笔一支。该阁为顺德目前保存较少、形制较完整的小型文阁。

（十）容桂祠堂

容桂这个四面环水的岛镇已是书画、曲艺之乡和富庶的“千亿巨镇”，拥有格兰仕、海信科龙、万和、伊之密等闪耀全国的知名企业。然而，它也是厚重、古旧的，一条条河流绿波韵绕，一条条小巷充满传说。

冯氏六世祖祠即为容桂增添传说的祠堂。马冈冯氏历来出名人，香港金融界知名人士冯尧敬、香港金汇国际（集团）有限公司主席冯家彬、粤剧团原著名武生冯镜华等，均为马冈冯氏后人。

冯氏六世祖祠建于清道光九年（1829），重修于清光绪八年（1882），三间三进。石门额阳刻楷书“冯氏六世祖祠”，为番禺清代著名书法家吴道镕（1852—1936）敬书。各进梁架做工精致，脊顶狮子、凤鸟、花鸟等灰塑图案栩栩如生。祠内存立于清道光九年（1829）的“世德堂碑记”，记述祠堂建设的艰辛历程，不失为人们了解古人生活的珍贵史料。

存留冯氏珍贵历史痕迹的冯氏八世祠（陈炳辉　摄）

四、古村落

（一）北滘碧江村

碧江村为中国历史文化名村碧江，建村于南宋，但自汉代起已有先民足迹。因村内土岗有二岩石相互挤逼而取名“逼岗”[①]，后美称曰“碧江”[②]，村名沿用至今。村落布局以山为据点，先民环山而居，临水而涤。其地文风氤氲、翰墨浓香，宋代至清代，人才辈出，登科入仕者众，至少走出进士23人，举人、五贡共119人。

历千年发展，碧江村渐成小桥流水宅舍相连、青砖黛瓦祠堂遍布之地，村落空间的机理、布局比较完整，保留泰兴大街祠堂群、村心大街祠堂群两

中国历史文化名村碧江村（周志锋 摄）

① “逼”在广府地区口语中表示“拥挤”的意思。

② 在广府地区口语中，“逼”与“碧”同音，“岗”与“江”同音。

个大型祠堂群，充分印证方志所记载的顺德祠堂“其宏丽者莫盛于碧江”。现在祠堂多活化成文化艺术空间，文雅精致，值得一游。

（二）勒流黄连村

黄连村原是海滩，相传滩上分布着7个小山丘，名叫“七星岗”，后冲积成陆地，形像莲花，称“莲地”或“莲溪”。又相传居民多姓黄，故取“黄”“莲”二字（后以“连”取代“莲”），改村名为“黄连”。另有一说，相传为旧有黄姓和连姓渔民捕鱼落籍于此，繁衍聚居，遂以两姓为村名。

时有幽花一树明的黄连古村

黄连村曾被誉为“小广州”，是繁荣、稳定的经济作物区，土沃民殷、百物辐辏、市集畅旺，被称为“族多衣冠，为商贾舟楫之凑”。

现在，黄连村仍保存丰富多彩的民俗。最著名的是仓沮信俗，围绕仓沮圣庙举办开笔礼和奖善活动。2022年被评为省级非物质文化遗产项目。此外，扒龙虿活动尤为有趣，巧妙地利用盛装香云纱制作原料的薯莨桶，以洪拳武术为基础，参照龙舟竞渡的规则进行竞技，热血沸腾。村内洪拳传人众多，刚猛有力，赛龙游龙英姿勃发，且以“厨师之乡”闻名遐迩。

（三）乐从葛岸村

古老乡村与现代建设成为葛岸村最迷人之处

葛岸村于南宋末年开村。民间传说，曾有一个能医百病的葛仙翁在当地西便基岛居住，设炉炼丹，替人治病。某年，病疫横行，葛仙翁用药治疗，救人无数。面对病愈者的厚礼重酬，葛仙翁题一诗“罗浮山下杖枯藜，琪树琼林属品题。两腋生风何处去，锦岩西更碧云西。”后飘然而去。为表感恩，村民将村落命名为“葛岸”，并设庙供奉葛仙像，村内现今仍存葛仙翁丹井。

每逢农历三月二十四葛仙诞，村民便将神像请出，设香案礼拜，以追忆葛仙翁的功绩，并举行相应的庆祝活动。

（四）陈村仙涌村

仙涌村位于陈村中部偏东。相传唐末吕氏来此开村，因传说吕洞宾（八仙之一）曾在花园旁的河涌游玩，故称此涌为“仙涌”，仙涌村也因此得名。

村内河涌环绕、绿树成荫、清新怡人，是极为和谐的岭南美丽乡村。有顺德现存规模较大的明代祠堂朱氏始祖祠，以及翠庵朱公祠、清溪叶公祠等。

仙涌朱氏以南宋名儒、理学家朱熹为傲。1929年，为传承朱熹教育遗风，在朱氏始祖祠内分班教学，并打破姓氏界限，接收外姓学生。为纪念朱熹，校名以朱熹之号“紫阳”命名，名为“紫阳学校”。目前学校整体形制

古老建筑的活化成为仙涌村的最大亮点（凌霄供图）

仙涌村将人民礼堂活化为岭南理学堂，成为村中重要景致与公共空间（凌霄供图）

完整，是顺德少见的近现代建筑群。近年活化村内“仙涌人民礼堂”，设“岭南理学堂”。

（五）陈村登洲村

原名“瀛洲”“鮀洲”，后为纪念区适子，改名“登洲”，沿用至今。区适子（1234—1324），宋末元初学者，号“登洲”，出身官宦世家，通晓

花木扶疏、水净街洁的古村登洲

经史，温厚端重，以博学多才闻名。宋亡后，他闭门隐居，著有《训蒙三字经》《登洲文集》《登洲诗集》。

该村将区氏大宗祠活化为区适子纪念馆和三字经公园，环境优美。

（六）杏坛古朗村

古朗保存传统农村的社会生态和空间格局，宅、街、桥、埠、树等乡村中最重要的元素依河涌分布。小涌清可鉴人，石路古朴幽然，古榕浓荫蔽日，实为难得一见的水乡美景，是人们诗意栖居、怡性养神的绝佳环境。

保存着古老乡村机理的古朗村让人仿佛回到童年

五、古今名胜与建筑

（一）甘竹滩洪潮发电站

甘竹滩为现在顺德龙江镇左滩村。这里曾是清代“凤城八景”之一的“甘滩雪涛”：滩石奇耸，声如雷霆，江水、海潮互为吞吐，蔚为壮观。

1971—1974年，洪潮发电站建成，实现水位落差仅0.3米即可发电的水利史奇迹，恐怖雪涛化作平湖阔岸。“万人会战甘竹滩”的峥嵘岁月，还可透过归于沉寂的机房与机器跃然眼前。甘竹滩洪潮发电站无疑是时代的丰碑、精神的象征。

目前，甘竹滩洪潮发电站已被改造为红色教育基地和博物馆，充分利用厂区内车间进行微改造，建成桑园围博物馆和龙江水利历史展示馆、中心沟围垦历史展示馆、甘竹滩洪潮发电站历史展示馆、龙江历史文化展示馆、甘竹滩广场等历史文化场馆。

地点：顺德区龙江镇左滩村。

顺德人改善水利历史的见证：甘竹滩洪潮发电站（胡森荣 摄）

（二）古塔

明清时期常建文塔以振兴文风、兴盛科举。顺德虽地处南隅，但求学氛围浓郁，“士秀而文，俗尚淳朴”“居民淳朴，务农家有诗书之声”。反映到建筑上，则有文塔之兴建。顺德现存七层文塔、桂洲文塔、五乡文阁等。它们简约淡然的风格透露着灵气，传达了士子、乡民们“飞出上青霄”、夺得“大魁”的凌云壮志和热切期盼。

明万历年间知县倪尚忠倡建的太平塔（旧寨塔）和神步塔（青云塔）扼锁顺德县城东南水口，隔水相望，聚山川淑气，成“太平春雨”“云路松风”景观，卓然而为一邑之美观。而今，双塔历400多年仍巍然矗立，经风霜的洗礼而展现出更古朴的风姿。“双塔映辉”的画面仍是顺德最为美丽、

古老的太平塔与神步塔成为顺德文化历史的标志（陈炳辉 摄）

独特的一道风景。太平塔中，抗日战争期间我国将士与敌军浴血奋战，保家卫国，其英勇事迹赋予古塔更迷人的风采。

地点：顺德区大良街道顺峰山。

（三）鸣石花园

鸣石花园由民国时期印度尼西亚侨胞、橡胶商人何鸣石先生所建，融中西风格于一体。传统镬耳大屋为青砖墙、红砂岩石脚，存鎏金几脚花罩，颇为精致。西式小洋楼高两层，上下均设宽阔走廊，走廊外侧以西式柱支撑，并做成拱门形式，置身其间，似有穿梭于旧日时光之感。

穿过洗石米西式拱门，到达庭院的中式凉亭。亭名“思母亭”，攒尖顶、绿琉璃瓦面，是传统建筑形式，也是园主寄托思母深情的场所。亭侧为建园时所植的百年玉堂春，青葱绿郁，时光荏苒，只有香如故。

鸣石花园是反映民国时期顺德华侨历史、乡土建筑变迁史的重要实物，现为佛山市文物保护单位。

地点：顺德区伦教街道羊额村丰埠坊。

中西合璧的鸣石花园

（四）均安沙头冰玉堂

“自梳女”指女子自行束髻、终身不嫁，是明代至民国时期流行于顺德、南海、番禺、中山等地的特殊婚嫁习俗。岭南“不落家”的传统、蛮横的夫权与礼制、缫丝女子的经济独立，是“自梳女”兴盛的主要原因。“自梳女”可在母家中居住，也可到姑婆屋与其他“自梳女”聚居。均安沙头村的“冰玉堂”1951年建成，是该村到新加坡当妈姐（女佣）的“自梳女”集资所建的养老院。冰玉堂为一座两层高的砖瓦木结构建筑，以中式风格为主，带西方建筑符号，风格朴素而不张扬，四周环境清幽，绿树环绕，院内桄榔树高高挺拔。

地点：顺德区均安镇沙头社区。

宁静的冰玉堂（黄艳雯 摄）

第四节 现代文化旅游场所

一、伦教678文化街

承载着一方水土一方人记忆的678文化街，全长约495米，宽约13米，多为重建或新建于20世纪60—80年代的建筑，如大洲人民会堂、粮仓、供销社等，富有历史韵味。依托这些建筑，建起文化工作室、展示馆等文化场馆，以及美食休闲场所。

街的一端有建于清代后期的石拱桥“御波桥”。街的尽处是依大洲涌而建的凤凰栈道。花开之时“叶如飞凰之羽，花若丹凤之冠”。枝叶探向水面，与倒影相衬，更觉婀娜。

地点：顺德区伦教街道三洲社区。

散发着传统气息的乡村饭店

散发着现代艺术气息的展览馆

二、顺德自然科学馆

一座集收藏、展示、科普教育三大功能于一体的场馆。收藏各类自然标本3000多件，化石和岩矿宝石标本种类丰富，其中最为珍贵的要数鹦鹉嘴龙、山西兽、海百合等化石。在自然科普基础上深入挖掘顺德厚重的岭南文化积淀，同时综合运用环境氛围、复原场景、体感互动等，构建一个沉浸式、启发式的体验环境，激发青少年儿童主动探索发现。

地点：顺德区北滘镇市民活动中心。

引人回到远古恐龙时代的自然科学馆（韩建纯 摄）

三、顺德华侨城欢乐海岸PLUS

顺德华侨城欢乐海岸PLUS总规划占地面积3.36平方千米，为广东省“十三五”旅游业重点规划项目。包含商业和主题公园两部分，开放式“陆公园”和华南最大海岛主题“水公园”，融水乡风情、顺德美食及武术、粤剧等本土文化元素于一体。

地点：顺德区大良街道碧桂路。

顺德华侨城欢乐海岸PLUS每天都是欢乐的海洋（顺德华侨城欢乐海岸PLUS供图）

四、史努比缤纷世界

位于大良的“国家4A级旅游景区”。园区汇聚别具特色的主题活动、新奇有趣的机动游戏、梦幻唯美的婚礼区等，含7个主题区：机动游戏、奇趣演艺、游戏地带、欢乐水世界、草坪婚礼、IP商品、西式教堂。走进园区，仿佛穿越半个多世纪的时空，和漫画人物来一次亲密接触。

地点：顺德区大良街道龙盘西路与兴业路交会处。

五、岭南和园

园名“和”，取自老子《道德经》云“万物负阴而抱阳，冲气以为和”中的“和”。

建筑为当代新建的岭南传统园林。运用岭南传统造园手法，融汇岭南园林在明、清、民国、中华人民共和国4个发展阶段的园林设计语言，营造出丰富多变的园林空间，体现了岭南传统建筑三雕三塑的精巧工艺。

地点：顺德区北滘镇人昌路。

暖日晴烟弄柳条的和园

充满现代艺术感的HEM（韩建纯 摄）

六、和美术馆（HEM）

位于大良，是出自著名设计师安藤忠雄（Tadao Ando, 1941年出生）之手的非营利民营美术馆，为公众呈现独具魅力的展览和多元开放的文化活动。

HEM的空间设计以“和谐”为主题，从建筑设计到细部工艺都以多样化的“圆”呈现，尝试创造出融汇中国岭南建筑文化的崭新艺术文化中心。如同DNA结构的双螺旋楼梯是HEM建筑一个令人叹为观止的亮点，也见证中国建筑技术的飞跃进步。

地点：顺德区北滘镇新城怡兴路。

七、金凤凰广场

这座建筑形状如金凤凰展翅，白天是一条串起层次分明、丰富多变的城市空间的绿色廊道，晚上呈现出轮廓分明、流光溢彩，宛如凤凰展翅翩翩起舞的优美姿态。沿金凤凰漫步，灯光、风景和城市绿化景观尽收眼底，是顺德最佳的观景长廊。2020年入围英国皇家特许测量师学会（Royal Institution of Chartered Surveyors, RICS）中国奖年度建造项目奖。

地点：顺德区大良街道新城区。

顺德区新地标

八、长鹿旅游休博园

长鹿旅游休博园即长鹿休闲度假农庄（简称“长鹿农庄”），位于伦教街道，被评为“国家5A级旅游景区”，占地40万平方米，是一个以岭南历史文化、顺德水乡风情、农家生活情趣为特色，集吃、住、玩、赏、娱、购于一体的综合性景区。长鹿农庄主要由长鹿休闲度假村、机动游乐主题公园、水世界主题公园、农家乐主题公园、动物主题公园等五大园区组成。五大园区各具特色，精彩纷呈。

地点：顺德区Y111与建设东路交叉路口往东。

集各种娱乐休闲活动于一体的长鹿农庄

九、新地休闲农场

新地农场占地近80亩，是集休闲运动、娱乐郊游、农耕历史展览、亲子乐园、农业科普于一体的综合性都市休闲农业基地。内设创意农业园区、拓

农耕忙（麦永旺 摄）

展活动区、瓜果长廊、农耕体验区等10多个休闲体验区域，让人们全方位体验蔬果种植和采摘、亲子厨房和烧烤、农业科普知识等。

地点：顺德区大良街道五沙三村。

十、容桂渔人码头

渔人码头是顺德20世纪60年代辉煌的粮食贸易出口站，是顺德的粮食集散地和商贸中心，见证着顺德人敢为人先的开拓精神。如今，临江而立的废弃厂房，已是糅合水乡烟火气与20世纪工业风，充满着文艺和古典气息的文艺地标，美食荟萃、景致怡人。渔人码头被评为“国家3A级旅游景区”，是顺德“三旧”改造、美化城市的成功案例。

地点：顺德区容桂街道东堤路。

散发着中西文化气息的渔人码头

第五章

美食篇

第一节 美食历史

一、概况

（一）饮食历史 源远流长

顺德虽建县于明代，但饮食文化或可追溯到汉代或更早。由现藏于顺德区博物馆，在龙江左滩蘇洲岗贝丘遗址[①]和勒流富裕（村）贝丘遗址出土的各种贝壳及众多陶器碎片推断，早在汉代或更早，顺德先民已能熟练操作各种生产工具从事耕作，并可灵活使用多种生活用具飞土逐肉、捕捞贝类而食之。

在漫长的岁月里，顺德先民南越[②]人更擅长渔业农耕，且饭稻羹鱼，逐步形成杂食、生食的习惯。至今，顺德人仍喜食鱼生（生鱼片）、虾生（醉虾）。顺德人历代相沿的暴腌鱼[③]，就是先秦的“鲍鱼”；大良膏煎[④]源于战国时代楚国的“粔籹”[⑤]。

---

① 现活化为“顺德 3500 公园”，网红打卡点。

② 百越各部落中的一支，聚居于今广东省，不等同于秦末至汉初的南越国（公元前 204 年—公元前 111 年）。

③ “暴”，意指时间短，鱼腌制时不用风吹日晒，只需要放置一个晚上便可蒸食。顺德人俗称“一夜情”。

④ 状如两个并排的环钏，也叫“油煎”“煎环”“膏环”，是一种油炸食品，通常于寒食节、清明节上市，用于祭拜先祖。

⑤ 屈原《楚辞招魂》有“粔籹蜜饵”之句；《齐民要术》与《说文解字》载“粔籹”即膏环；明末清初屈大均《广东新语》也载“膏环以面”。

（二）南北饮食　渐融一体

2000多年前，人们就用烧烤炉烹制食品

西汉时期，名相吕嘉[①]与南越王赵佗共同缔造了“汉越融合”的历史，也拉开粤菜烹制的序幕。钟鸣鼎食，由烤乳猪、炮禾花雀、烹制水产等宫廷美食中沉淀出来的甑、燎、炮、炙等古老技艺，经世代相传，至今仍流行于顺德。根据鼎内鱼鸡残骨，可肯定鼎用作煮鸡烹鱼，至今顺德人仍把煮粥熬汤的瓦煲叫作“鼎”。而用来摩擦生姜挤取姜汁的器具“姜礤”，则与顺德民间仍然在用的刨姜器具形状极其相似。2000多年的饮食文化如细水长流，顺德人嗜食水产河鲜，以及借助生姜除腥辟膻、驱寒祛湿的饮食习惯，可谓一脉相承。

保存于顺德区博物馆，从杏坛、勒流、陈村汉墓出土的文物有陶灶、陶罐、陶卮、陶簋、三足陶釜，还有一个汉代模型，清晰表明顺德先民在汉代或以前已懂得如何利用空气对流原理来节能旺火，亦不难佐证当时的烹饪技术。另外，将切割过的鳖骨与陶灶联系起来看，顺德人可能在东汉时已会瓦罉焗水鱼。此外，据东汉杨孚《异物志》记载，汉代岭南制糖业已出现。这多少可解释顺德饮食崇尚清甜鲜美的历史渊源。

“南方鱼多不肥美，惟鲶鱼为上，大者长二尺，作鱠炙，尤香而美。”如果说汉代顺德人已懂得因鱼而烹，那么发展至唐代，烹鱼技艺可谓炉火纯

---

① 吕嘉，历任南越国三朝辅臣，积极推广中原文化、先进农耕技术，使南越国发展壮大。

青。煮、炙、炸、蒸、甑、炒、烧、煎、炖、拌等多种烹饪技法大行其道，其时盛行的饭面鱼、烹蟹、烹蚝[①]，技法至今仍在顺德流传，且尤为疍家（水上人家）所继承。

（三）基塘美食　别具风味

明代，顺德建县，借助毗邻广州通商口岸的地域优势，以发达的桑基鱼塘生产体系，一跃成为珠三角重要经济作物区，“膏壤沃野弥望”“田有桑麻之业”[②]。经济发展与饮食业相辅相成，顺德讲究饮食之风渐盛，顺德河鲜塘鱼名动一时。据说，顺德名菜“酿鲮鱼”即创于明代。

佳肴美酒，觥筹交错。龙江烧、陈村酒等乡镇酒酿亦在此时香飘岭南。明末清初屈大均《广东新语》记载：“今广州所（饮）用惟龙江烧。……市上所沽……其佳者曰‘龙江烧’。”

家乡原条酿鲮鱼　（顺德喜来登酒店供图）

清代，特别是鸦片战争后，顺德农业商品化和民族工业化进程加快，从而进入美食蓬勃发展的新时期。一方面，顺

① 见唐代刘恂编撰《岭表录异》。

② 见明万历年间《顺德县志》。

顺德厨师恢复的失传菜“葵花大鸭”（赛斐 摄）

德人把先秦南越人杂食、生食之风发展至极致，以奇特的“南烹”独树一帜，令外地食客停箸称奇。“鼠脯，顺德县佳品也……筵中无此，不为敬礼。”[①]腊田鼠被顺德人奉为“腊味王”，加以煎焗、油爆或与饭同蒸，烹法多样。除鱼生外，焗禾虫也是一绝。“粤人生性嗜鱼生，作脍无劳刮镬鸣。此土向来多怪味，禾虫今亦列南烹。”[②]另一方面，顺德乡村美食各现奇葩——皮脆肉嫩的羊额烧鹅在明末清初扬名远近；浓香扑鼻的均安鱼饼始创于清同治年间；甘脆酥化的大良野鸡卷流行于清光绪年间。各种地方小吃亦各具特色，大良牛乳乳香咸浓、伦教糕清甜爽韧、龙江煎堆圆润甘脆、凤城粉果皮薄馅鲜、大良蹦砂与凤城鸡仔饼香酥松化、南乳花生咸香甘脆。凡此种种，成就顺德“乳蜜之乡、饮食精美”[③]之美名。

（四）妙制颇出 佳品名扬

清末民初，鼎盛的缫丝业使顺德成为“一船蚕丝去、一船白银返”的“岭南壮县”“南国丝都”，也造就岑国华等顺德丝业大亨、银号老板。他们一方面务实干练、圆融通达，不断拓展商业版图；另一方面互通资讯有无、讲求商谈效率，推动茶楼业、饮食业空前发展。其间，“凤城炒卖”

---

① 见清代吴震方著《岭南杂记》。

② 见明代长州学士陈璋所作《竹枝词》，清代顺德人罗天尺《五山林志》引。

③ 清代学者梁介香《凤城梦游录》记载：“顺德乳蜜之乡，言饮食，广州逊其精美。”

（即炒即卖）率先在顺德出现，由顺德厨师烹制出的“凤城小炒”以其灵活快捷、简单易制、镬气十足风行省（省城广州）港澳。其中，凤城蜜软鸡、凤城脆皮鸡、凤城烧笋尾、顶骨大鳝、大内鸡球、大内田鸡、翡翠蚬蚧鸡、花雕煀鸡、大良炒牛奶等因精工细作、食味清鲜、风味绝佳，深受食客欢迎，成为广州陶陶居、广州酒家、北园酒家、大同酒家等名店的招牌菜式。

改革开放后，南来北往、中外交流频繁，顺德美食香飘岭南，地道美食与名厨随贸易巨轮扬帆出海。顺德鱼塘公焖鱼、大良污糟鸡、勒流煎焗鲋鱼等与时俱进，被评为名菜式；而葵花大鸭、燕窝鹧鸪粥、腊味糯米酿婆参等失传菜式的再现，则如沧海明珠，令人见之犹喜。

顺德菜是粤菜的重要分支与杰出代表，其发展轨迹与粤菜其他分支大体趋同：起源于先秦南越人的原始饮食文化，形成于秦汉时期至隋唐时期的“汉越融合”，在明清之际传播发展，兴盛于当下。从贝丘遗址出发，游走在顺德区博物馆与华侨城美食博物馆，一日3000年，仍能从遗址中寻雪泥鸿爪，从展馆的图文介绍中一览顺德饮食的流金岁月。

学生们在华侨城美食博物馆静听讲解（赛斐供图）

二、水乡源流

（一）以水为生 鱼虾满河

顺德地处古代百越之地，位于五岭[①]之南。“昔五岭以南皆大海耳，渐为洲岛，渐为乡井，民亦藩然。”[②]顺德因水建县。“南海之东涌、马宁、西淋三都远离县治而濒海，民刁悍而易为乱，宜另立一县以利管治。”顺德以水为生。“滨海生计重开荒，尽把勤劳格上苍。遍凿芦洲成沃土，涨沙随处角村庄。”[③]顺德以水为著，人称“开门见水，举步登舟”“出门三步水，入村四处塘”。顺德因水而兴。“邑以海为池，潮汐出入，一时贯穿都堡，自香山、新会而至，通舟楫，输阡陌，奏庶鲜食，其功臣也。”[④]顺德因水得食，自古“南越之人食水产……龟、螺、蛤以为珍味，不觉其腥也。”[⑤]，平素“煮升白米粗粘饭，摘碗青藤嫩黄瓜。满满一碗开口蚬，弯弯几只带须虾。”[⑥]……千年水乡，名副其实。

（二）物产丰富 河鲜味美

顺德处于陆海相交的珠三角，粤港澳大湾区中心。境内河涌纵横，鱼塘棋布，主要河道有16段，总长756千米，依地势从西北流向东南，主要水道有西江干流、平洲水道、眉蕉河、南沙河等。水域（含河流、水塘）面积301.5平方千米，占全境806平方千米的37.4%。

田畴交错与河塘纵横，令顺德自古至今江河物产丰富肥美。

顺德向来是岭南河鲜的重要产地，特别是甘竹滩一带，位于西北江交汇处，所产河鲜颇负盛名。明末清初屈大均诗云：“甘滩最好是鲥鱼。”清代

① 指大庾岭、越城岭、骑田岭、萌渚岭、都庞岭。

② 见清咸丰三年（1853）《顺德县志》。

③ 见清咸丰三年（1853）《顺德县志》。

④ 见清咸丰三年（1853）《顺德县志》。

⑤ 见晋代张华《博物志》。

⑥ 见明代李子长《贫居自述·其九十》。

广阔的河海成为人们捕捞河鲜的天然来源

刘彤《鲥鱼诗》附记云："鲥鱼以顺德甘竹滩者为贵。"清代陶心云《顺德杂事诗》云："冰鳞七寸泼嘉鱼，甘竹滩头举网初。新试南烹风味好，莼鲈千里转忘渠。"至今，甘竹滩左滩仍聚集多家河鲜食店，以即点即蒸、新鲜味美吸引各地饕餮不远数十里驱车前往。

（三）借水谋食　物阜民丰

除仰仗地利，顺德人更不忘借水谋食。

唐代，顺德已有人筑塘养鱼。据唐代段公路《北户录》记载，当时南海郡（含今顺德）农民把鲮鱼和鲤鱼"蓄于池塘间，一年可供口腹也"。

桑园围博物馆透过图文和实物，全景式展示桑园围始筑于北宋、合修于明、通修于清、合围于民国、联围于20世纪70年代至今900余年的修筑历史和风俗文化，亦清晰折射出桑园围以"南、顺江防之最巨""粤东粮命最大之区""近省第一沃壤"护卫围内塘鱼、桑、稻、花卉等农业快速发展，推动顺德形成桑基鱼塘种养模式，继而物阜民丰的千年进程。

龙江左滩的桑园围博物馆呈现出900余年来人们修筑堤坝、发展农商的历史（吴建强 摄）

（四）塘鱼佳肴　名闻岭南

从明代起，桑基鱼塘普及，顺德盛产鳙、鲢、鲩、鲮、鲤、鲫等家鱼。1949年后，随着农业种养优化提升，顺德大量养殖鳗鱼、罗非鱼、淡水白鲳、淡水石斑、加州鲈、桂花鲈、梭鲈、中华鳖、鲟鱼、脆肉鲩、罗氏沼虾、南美白对虾等几十种优质水产。其中，勒流稔海村的鳗鱼养殖最为人称道，2018年成为中国首个“鳗鱼之村”。顺德鳗鱼被评为国家农产品地理标志登记产品。

对水产烹饪炉火纯青的顺德人，还将精于研究的眼光投向历史悠久[①]而完善发达的果蔬种植系统。“芥叶微甘天雨霜，银丝无数雪鲶肠。笑他城市烦煎寄，鲜食何因似水乡。”茶蔗熏鲮鱼、绿豆扣田鸡等经典菜式，无一不是因水而生、以花果菜入馔的典范。水乡水长、源源不绝，渗透到顺德饮食文化不同时代每一处细节，并一脉相承，串联起顺德饮食的过去、现在、未来。

---

① 据载，早在公元前111年，陈村已向汉武帝的扶荔宫进贡珍贵花卉和果树苗。

三、人文渊薮

（一）南越古地　自成一体

顺德既“百物辐辏，商众阜通”，又“务本崇证，质而弦诵”。

顺德属边陲之地。秦统一中国设置南海郡，顺德被纳入版图。由于封建社会从中原往外延伸的发展序列，加以五岭天然阻隔，中央政权对岭南的经营是一个从“点”到“线”再到“面”的过程，使岭南成为相对封闭的“地域社会”。

（二）古老风俗　至今仍存

中央政权在岭南只是控制若干有重要地位的“点”（有战略控制意义的州、县，如广、韶、肇），“线”（中唐以前东—西、中唐以后北—南序列），“面”（开发较早的经济面，粤西、粤北早于珠三角）。顺德龙山在明洪武年间（1368—1398）才“开图建籍”，设立户口，顺德先民甚至被视为“化外之民”“南蛮”。因此，尽管封建王朝频频更替，顺德仍能保持相对稳定的发展。也正因为如此，顺德的一些古建筑和艺术品能保存完好，一

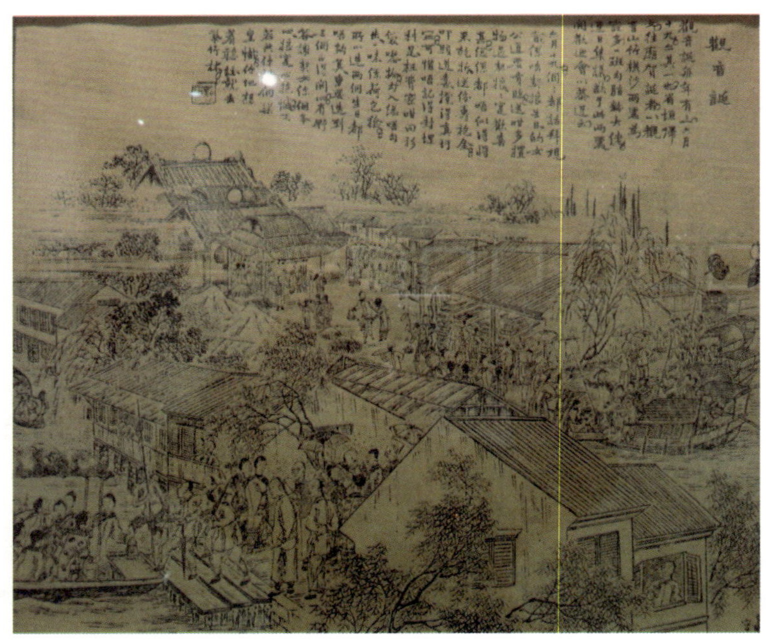

昔日画图，存留着人们在观音诞祭祀、大啖鱼生、生菜包的场景

些传统的社会风俗和饮食文化能比较完整地流传下来。顺德人宗族意识强烈，但凡大祭、节令、庙诞、族庆等，必聚集、共餐，历经数百年至今不变，如端午龙舟饭、冬至食鱼生、观音开库生菜会、各族的灯酒等。这也催生厨艺了得、规模庞大的乡间厨师队伍，其中尤以厨师之乡勒流的厨师队最为出名。

（三）崇文重教　崇商主义

顺德人崇文尚学，拥有广东最早的一批书院。清代中后期，顺德更是书院林立、私塾星布、科甲鼎盛、人才辈出。顺德人擅工长商。“岭以南，顺德为壮县，地廓人众，膏壤沃野相望，木石之工遍邻郡，会城居肆者，皆邑人也。”[①]至清末民初，顺德成为岭南的丝业中心与金融中心。

（四）食必求精　味必求真

经济发达和生活安稳促进了顺德饮食文化整体水平的提高。先秦南越人追求物质享受的天性，以及精耕细作的生产方式和精打细算的生活作风，造就顺德人食求精、烹求擅的饮食习惯。自清代以来，顺德人讲究饮食已成风尚。大多数顺德人从小受到食风熏陶，加上不嗜烈酒、不尚辛辣，追求本味，能够闻香知味、尝脔晓鼎。顺德人不仅热衷于大快朵颐，而

清末至民国初期，人们开始引进国外食材和佐料，也参考西方烹饪手法，将河鲜与咖喱等一同烹制，令人们开始品尝到清淡以外的辣香滋味（味空间供图）

① 见罗天尺《五山林志》。

且热衷于鉴赏、评论美食，热衷于对菜式推陈出新，对菜品的挑剔近乎苛刻，对新鲜吃法的好奇近乎执着。顺德人每到酒楼食肆用餐必问："有什么新菜？"吃完后又常作点评，如"蒸鱼的火候过了头""某个炒菜镬气不够"。更有甚者，会拿着原料或半成品来到酒楼，向厨师提出标准、要求并展示做法，美其名曰"帮手加工"。

四、输出引进

（一）吸收中原文化　创造本地风味

勒流富裕、龙眼，杏坛逢简，陈村庄头等地，先后出土鼎、簋、豆、匜等器皿，可以推断早在2000多年前，中原饮食文化与烹制用具已在顺德出现。

由南越国丞相吕嘉主张汉越民族融合，或可推断其家族及门生早将越人嗜食海鲜、煎蒸禽鸟的美食传统传入。而由广州南越王博物院①所陈列的西

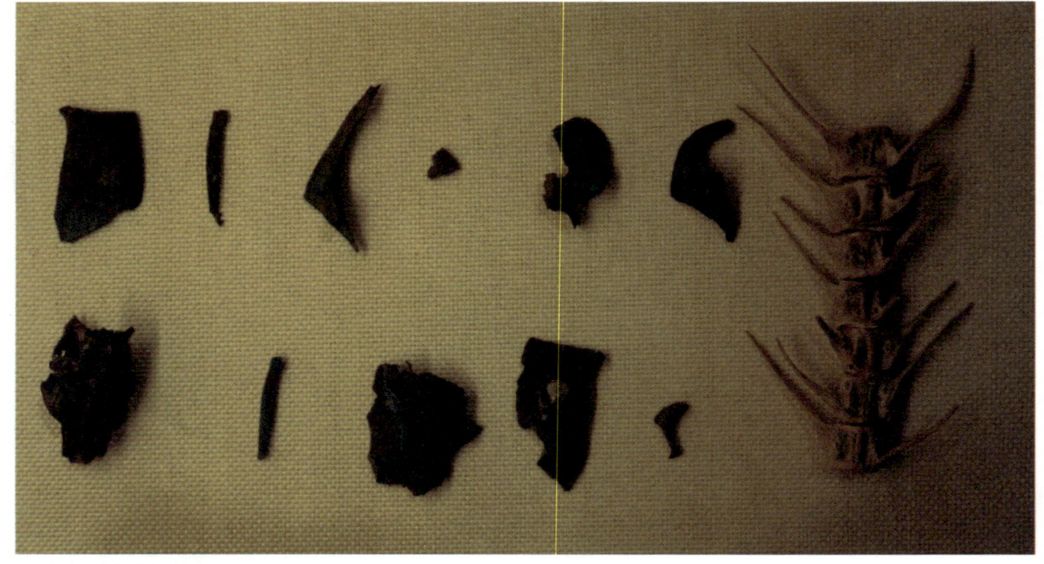

汉代各种鱼骨头

① 2021 年，西汉南越王博物馆与南越王宫博物馆合并，成立南越王博物院。

汉时期充满中原气息的乳猪烧烤炉具，以及折射出典型的楚国文化与散发中原气息的铜鼎、酒器来看，顺德饮食文化南北融合、源远流长。

及后由于兴安灵渠开凿，连通长江与珠江之航运，特别是“金铁田器”南传，以及中原战乱频繁，中原人大批南迁，继而通过修堤筑坝、结盟联姻、认祖归宗等各种交集，使得中原农耕文化及饮食文化与本地饮食习惯不断冲突、相互影响，继而兼容。

（二）烹制技法古老　吸收多方神髓

此外，顺德人如今司空见惯的烹制技法——瀹、炸、鑽等皆源自中原，且多可追溯到汉代。

顺德均安以拆鱼羹、鱼茸羹出名，与名动天下的宋嫂鱼羹形同味似，或许伏有千里引线。清代伦教人何崇光带上烧鹅赴京考试，可知烧鹅南传及顺德烧鹅悠久的历史。

明清后，一批入职为官的顺德人带同顺德私厨上任，既慰藉乡愁又以顺德美食酬同僚宴宾客，使得顺德美食美名逐渐远传，也为“厨出凤城”埋下了伏笔。

（三）走向广阔市场

清代灭亡后，束缚厨师身份的制度逐渐消失，厨师以自由的个体进入大小饭店食肆，不再专属一家，而是面对大众的市场需求。这使得他们的思维与制作更贴近民众口味，搭建了更广阔、更自由的美食天地。与此同时，食材的丰富与交流的广泛令顺德厨师能融合天下技法，渐成风格。

不断走出顺德的厨师们将世界各地的佳肴引入家乡，令顺德美食更丰富多彩（味空间供图）

至经济多元化发展的民国时期，随着交通便利与经济融合，顺德名厨开始落脚佛山、广州、香港、澳门、上海、北京、天津和世界各地。他们吸取西方饮食材料与技法，融合南北美食精粹，为生计的经营与顺德美食的传承、完善、弘扬不遗余力，成为推动顺德饮食从近代走向当代的重要力量。

（四）大批名厨走向世界

中华人民共和国成立后，一批厨师进入南北名店，因转益多师、巧手慧心、推陈出新，渐成一代名厨，蜚声海内外。广州北园酒家前特一级厨师黎和被誉为广东“首席厨师”；上海锦江饭店主厨萧良初曾获得朝鲜“千里马”勋章及莱比锡“世界烹饪表演”金奖；北京饭店一级厨师康辉曾为国家领导人烹饪，被日本誉为“中国料理第一人”；广州大三元酒店一级点心师麦锡曾为国家领导人制作点心。他们以精湛的厨艺获得国家领导人、名流雅士的一致推崇，更以良好的品格、谨敏的为人获得同行与民众的尊重。他们从顺德出发走向各地，坚守与深挖顺德菜的精粹，又融合天下滋味，勇攀当代美食文化的高峰。

（五）以美食为媒介传播中华文化

20世纪30年代，大批顺德“自梳女”远赴东南亚，进入大户人家当佣人。她们以兰质蕙心，将顺德佳肴技法与南洋物产和调料相融合，创制出名噪一时的“妈姐菜”。此后，也有不少顺德人走向全国和世界各地，设立名店，如北京的顺峰山庄、美国的冯不记、南非的同

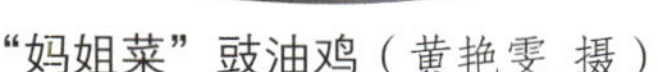

“妈姐菜”豉油鸡（黄艳雯 摄）

乐饭店、澳大利亚的顺德味道等。他们将顺德厨师的品牌通过精工巧做、匠心慧悟不断弘扬，更将顺德美食地图延伸到全球各地。

世界各地的粤菜餐厅大多以“顺德名厨主理”“凤城小炒”作为招牌，吸引四方食客，而“凤城名厨”更是世界各地公认的粤菜品牌。顺德名厨的低调为人、精心做事、味求极致，以及道法自然的纯粹与高远，成为顺德饮食的文化精神与产业核心。

顺德向来开放包容，与名厨输出相呼应，顺德人也关注食材与烹调技法的引进。“省会、佛山、石湾三镇客商顺德人居其三”[①]“或奔走于燕齐，或往来于吴越，或入楚蜀，或客黔滇，凡天下省郡利市，无不货殖期间。”[②]顺德境内货运码头众多，清末陈村作为华南最大的粮食和木材集散地，樯帆云集，上通广西，下通南洋，“广府粮价行情，视陈村而定”。在外出往来与贸通天下的大环境下，顺德厨师不断吸收外地乃至海外烹调技艺，为顺德饮食文化源源不绝地输送养分。

（六）味求精真

顺德面临南海，生猛海鲜俯仰可获；背靠五岭，山珍野味朝运夕至。《广州府志·物产篇》载：“其植物则郁然以馨，其动物则粲然以文……水陆之产，珍物奇宝，非他郡所及。”所有这些优质物料都为顺德人烹制美味佳肴提供了丰厚的物质基础和广阔的施展空间。因物产丰富，顺德人有条件去收集最合适的原料烹制菜式。顺德人精制烧鹅，须是9斤重体态适中、骨骼精细的清远黑鬃鹅，如此才能烹制得皮脆柔嫩、汁浓味醇；顺德人用无骨鱼打边炉，须以10斤左右的水库大鱼，“老鱼嫩猪”，如此才肉腴味鲜，释放出水乡最鲜活的滋味。

地处他乡，亦须寻找最正宗的食材去烹制顺德味道。21世纪初，顺德厨师长在香港君悦酒店烹制正宗顺德菜时，就特意运去大良水牛奶、桂洲四基

① 见清乾隆年间龙廷槐《敬学轩文集》。

② 见《龙山乡志》。

顺德人喜用无骨鱼打边炉（吕荣基供图）

大头菜、大良土猪肉等土产原料。因大良水牛奶奶味特浓，质地尤滑；桂洲四基大头菜味咸香，最具田园风味；大良土猪以天然原料饲养，口感好，无膻臊。这些都是烹制大良炒牛奶、野鸡卷、污糟鸡等正宗顺德菜的上佳物料。

五、改良创新

（一）传承好味道

顺德厨师无论是走出去还是留守本地，在汲取其他地方菜系精髓、融合中外烹饪妙法的同时，一直坚守顺德饮食文化追求本味、道法自然的要义，弘扬顺德菜简朴与高妙的传统，让天下宾客都能从顺德菜中体会岭南饮食文化，更从岭南饮食文化中领悟中华文明从未中断的绵长脉络。然而，

六味烩长鱼（顺德区厨师协会供图）

有一些菜式却因为制作工艺繁复，在时代的快节奏中淡出人们的视野，消失于餐桌，令人无法忘怀。传承是最好的怀念。为赓续美味、弘扬传统，罗福南、李灿华等顺德名厨对烧笋尾、葵花大鸭、穿心水鱼、六味烩长鱼等多道几近失传的菜式进行研究和梳理，重新整理，在顺峰山庄、龙的酒楼等顺德知名食肆再次出品。

（二）推陈出新

顺德美食的生生不息，除了坚守传统外，更在于推陈出新，在创新中将传统的现代意义精心提炼，融合为适合新时代人们口味与审美需求的佳肴，令其拥有恒久生命力，如一道茶蔗熏鲮鱼。

茶蔗熏鲮鱼（德云居供图）

在中国历史文化名村——北滘镇碧江村，茶蔗熏鲮鱼尤为出名。碧江村素有“文乡雅集”之称，文人士子多好品茶，并由喜欢品茶发展到喜欢引茶入菜，形成独具特色的食茶传统。碧江村苏氏是当地望族，他们用岭南特产鲮鱼、甘蔗、陈皮作为原料，把江南的食茶文化融入菜肴中，创制出岭南江南饮食文化特色兼容并蓄的菜式——茶蔗熏鲮鱼。茶蔗熏鲮鱼不只是碧江村苏氏的家传菜式，更广为传扬，成为岭南风味菜肴。粤菜中的玫瑰蔗香鱼、玫瑰蔗香鸡、蔗香鲮鱼、巧制蔗香虾、新法茶香鸡等，亦或多或少受到茶蔗熏鲮鱼的影响。

挖掘与再现失传菜谱和菜式，可接续顺德美食历史与文化精神，让粤菜春圃老枝开新花。而创新与改进传统菜式，则可引导人们在品尝久远滋味与理解现代美学的同时，去咀嚼饮食口味的变迁与对美味不变的追求。

六、再获殊荣

（一）“厨出凤城”

清咸丰年间（1851—1861），李文田以鱼生获慈禧太后“味道之腴”的称赞，使均安鱼生闻名遐迩，亦使顺德美食广为人知。至今，李文田母亲家族梅庄欧阳公祠“绍德堂”中匾额右上方仍镌刻有“味道之腴”的鲜红印章，成为均安鱼生久负盛名的鲜活印证。

自民国以来，顺德厨师以“凤城炒卖”名声渐隆。在省（省城广州）港澳的旧报纸中，常看到江记、大元等著名酒家的广告中特意写上“特聘凤城厨师”六个大字，作为质优味美的品牌保证。

1949年后，因工作稳定、待遇提升，再加上培养有序，顺德厨师人数增多，名厨辈出，如广州北园酒家特一级厨师黎和，上海锦江饭店主厨萧良初，联合国总部掌勺戴锦棠、康志雄，无不名动业界。大批港澳、海外的顺德人亦专心经营顺德菜，使“凤城厨师”名传海外，如南非马荣业的同乐酒楼成为该国著名中餐馆。

现代与传统相融合的鱼生（顺德区厨师协会供图）

1985年，著名书法家费新我在顺德提笔落墨——“食在广州、厨出凤城”，因言简意赅且高度形象地概括顺德名厨源流而得到民众一致认可，更化作口碑，不胫而走。30多年间，“厨出凤城”成为顺德美食的绝佳广告。亦正因为名副其实，顺德被媒体誉为“粤菜的发祥地之一”“岭南美食的重要源头”。

（二）世界美食之都

2004年，“顺德——中国厨师之乡”考察认证组专家一致认定，顺德厨师拥有三大烹饪绝技：一是擅长烹制河鲜和水产品。二是擅长烹制奶制品，创制了炒牛奶、双皮奶、炸牛奶、锅贴奶等。他们烹制的奶制品菜已成为中餐烹调技法的代表菜而列入教材。三是擅长小炒。顺德的小炒菜肴十分丰富，随炒随卖，镬气足，味道好，深受大众喜爱，在粤菜大系里享有“单列”的殊荣。因此，顺德获“中国厨师之乡”称号，成为国内继河南省长垣市（县级市，属新乡市）之后的第二个厨师之乡。

2006年，顺德大良被认定为中国首个“中华餐饮名镇”。此后，大良、勒流、陈村、容桂先后被评为“中华餐饮名镇”“中华美食名镇”“中华花卉美食名镇”。2010年，顺德获“中国美食名城”称号。2014年，联合国教科文组织授予顺德“世界美食之都”称号，成为中国继成都之后第二个获此殊荣的地区。

炒牛奶最能体现顺德人的妙手巧烹（顺德喜来登酒店供图）

从渐为人知到蜚声中外，顺德美食随声誉日隆而更注重淬炼和提升。这是千年来顺德饮食文化的初心，也是顺德人对美食精益求精的坚持。即使是一条鱼、一碗奶、一把米，平平无奇的食材，都能在顺德厨师高超的烹饪技艺中实现华丽变身。

第二节
美食特色

“五味周全、六艺领先、饮和食德、顺其自然”这16个字被认为是对顺德美食特色的高度概括。顺德美食特色，实可从材料、技艺，以及色、香、味、意、形等多个方面体现。

一、就地取材

（一）各式佳肴　风味多样

顺德人能吃、敢吃、善吃，天上飞、地下爬、水中游者，只要手到擒来，就能就地处理，因陋就简，令其活色生香。

通过千年挖塘蓄水混养四大家鱼的积淀，顺德养鱼人早对草鲩、鳙鱼、鲮鱼、鲢鱼的性情、味道烂熟于胸。他们总结出不同鱼类最美味的部位，如“鲮鱼鼻，蛤乸大髀，鳊鱼拖沙鲩鱼尾”；总结出不同鱼类不同季节的最佳味道，如“春鳊秋鲤夏三黎，冷鲚热鲈冬至鳝”；将对塘鱼的烹调妙法灵活运用到虾蟹蚌蚬中，逐渐演绎出以河鲜为核心的顺德饮食风味，“野芋山姜杂土薯，田螺坦蚬软虾菹”。

煎焗鱼嘴（顺德喜来登酒店供图）

（二）鱼塘公炆鱼　风味最地道

鱼塘公焖鱼（顺德区厨师协会供图）

顺德乡间对于从事或熟悉某一行业的人俗称为“佬”或“公”。鱼塘公即养鱼专业户。由于近水识鱼性，鱼塘公不仅对塘鱼的生活习性、肉质味性了如指掌，而且练就精湛的烹鱼技艺。要论养烹兼擅，非鱼塘公莫属。他们坚守“选鱼重新鲜、食鱼求本味”的理念，坚持用最原始、最自然、最健康的方法烹鱼，就地取材、原烹原食、食其真味。集体经济时代，鱼塘公习惯在刮鱼之后随即在塘边垒起灶台，架起大镬，用桑枝或蔗叶作燃料，将即捕的鳙鱼（即大头鱼）即劏（宰杀）即焖，然后围炉大嚼，举碗痛饮，气氛浓烈。这种烹鱼技艺如今依然盛行，成为顺德名菜“鱼塘公炆鱼”，更登堂入室上桌，供食客煮食。正如美食散文家沈宏非所言：“天下最会养鱼烹鱼的，莫过于顺德人。”发展至今，所焖鱼类亦因地制宜、因人而异，衍生出“鱼塘公炆鲋鱼”等，正是顺德菜传统食材与乡土文化及创新烹调技艺相结合的典型。

（三）蚕桑美食　就地取材

最能体现顺德作为“南国丝都”的历史和最能说明顺德菜就地取材的一道菜，当属“菜脯炒蚕蛹”。过去顺德缫丝女工把蚕茧放入滚沸的大锅水中，将丝抽出后捞出蚕蛹即可鲜吃，或把蚕蛹用炭略烘作为零食，称为“蚕虫干”，嚼来有滋有味，油香四溢。夏日，“蚕蛹送白粥，神仙亦满足”，将油爆蚕蛹就着三滚米沙粥吃，别有一番风味。而菜脯与蚕蛹两者在顺德随手可得，更妙在以素菜吸收炒蚕蛹油锅的肥腻，而变得清鲜可口。而一味因陋就简的菜脯炒蚕蛹却赢得主营丝绸贸易的十三行行商之首潘仕诚的青睐。后人评论顺德美食直接影响到“食在广州”。上海《旅行杂志》曾刊登文章《广州情调》提到：“‘凤城食品’为广州人所艳称……总而言之，丝都风味，功莫大焉。”

最精致的蚕蛹美食当推大良龙的酒楼的象形点心“桑基蚕茧香”——用蚕蛹、大头菜、糯米等料巧制而成，栩栩如生，荣获第五届中国烹饪世界大赛面点金奖。此外，由蚕蛹蜕化而成的蚕蛾也可作美食。1962年，“蚕乡”龙江镇特制的珍馐——“椒盐蚕蛾公”用以招待贵宾。诗曰：“蚕乡异物数神虫，扯翅掏肠入釜中。更藉椒盐添馥郁，奇肴有幸奉元戎。”可谓精彩描写。

二、粗料精制

（一）美食佳肴　源于乡土

在顺德人的饮食基因里，无论世事如何变迁，不变的家乡味道总能被食物记忆和传递，连接永恒的乡土之源。

昔日乡间婚宴、寿宴、灯酒，以及清明、冬至等大型宴会，多在乡间大块空地或祠堂中操办。到会大厨们巧花心思，将乡间食材妙手烹出，如节瓜虾米粉丝煲、香芋扣肉煲、柚皮焖大鳝、富贵三果丁等，乡味纯正悠长。

豆豉蒸鳝片（顺德喜来登酒店供图）

在东南亚为主人家操持饮食的妈姐则将顺德烹鱼妙法与东南亚食材、调料相融合，制作成风靡至今的“妈姐菜”，如炒水鱼、黄鳝羹，成为顺德美食海外传播的主力。她们妙制的“妈姐菜”亦成为融合中西、粗料精制的典范。

至于与龙舟竞渡同样源远流长的龙舟饭，则从数百年前用粗料煮制供龙舟健儿赛前食用，发展至精心制作、动辄席开百围宴请乡人族人友人的龙舟宴。“春江水暖乡情浓”“龙腾鱼跃拔头筹”“丁壮马壮勇者胜”等，一道道精心制作的龙舟菜连命名也要经过一番思量。而知名酒楼食肆也会在端午节期间推出相应的龙舟宴，供城市中无法亲身回乡参与盛会的人一尝乡味。

（二）一碟大头菜　几代人记忆

最能体现顺德人“粗料精制”的莫过于大头菜。

乡间田头的大头菜在顺德人心目中始终占据特殊的地位，美称“顺德鲍鱼”，是每个顺德人心底里挥之不去的传统顺德味道。因为有大头菜的装点，顺德人很能将日子过得有滋有味。在物质匮乏的年代，大头菜是主菜，三餐佐膳，常常是一碟头菜、排菜或冲菜以调剂口味；家常菜往往来一味头菜剁猪肉或冲菜剁牛肉，以刺激味蕾；小孩子则喜欢偷偷嚼头菜当口果，感

历史悠久的均安大头菜一直是顺德人的味道记忆，2022年列入第一批全国名特优新农产品名单（甘培田 摄）

觉到先是微甜，接下来是鲜味，最后变成微辣，回味无穷。到如今，大头菜则成为家乡风味的味源之一，蒸污糟鸡要放大头菜，家乡蒸鱼嘴要以大头菜作为配料，连荣获第五届中国烹饪世界大赛金奖面点的桑基蚕茧香的“蚕茧”内也少不了淡口头菜粒。均安大头菜、桂洲四基大头菜更是旅外乡亲和外地游客首选的手信。

桂洲四基大头菜也称“江南圆头菜”，腌咸后称“江南正宗咸菜”，简称“江南正菜”，是头菜妙品，被顺德人珍视为烹调“甘草”，香而惹味。据传清代乾隆皇帝爱吃大头菜，下江南时御膳必备大头菜，因而得名。桂洲四基大头菜取此典故，更以“江南”二字命名，令其更具历史感和故事性，惹人遐想。江南正菜腌制晒干后咸淡相宜，甘香爽口，清香爽脆，食味隽永，极具农家风味。按加工口味区分，江南正菜有淡口干头菜、咸头菜和半咸头菜3个品种，其中，淡口头菜最受群众喜爱。顺德籍香港美食家唯灵（麦耀堂）对江南正菜极为推崇：及第粥的肉丸，顺德人必加江南正菜粒才能发挥画龙点睛的作用；江南正菜切薄片，配金针菜、云耳、香蕈、红枣焗黄牛金钱腱，有“杀死人”的奇味；江南正菜丝、陈皮丝、半肥瘦肉丝、清蒸鳊鱼、鲩鱼腩、鲫鱼、乌耳大白鳝、金钱片、生鱼片、乌鱼、笋壳等河鲜，韵味之高令豉油王蒸海鲜不能望其项背。顺德名厨李灿华曾以江南正菜炒鲜鲍，一经推出，因回味无穷而大受欢迎，有“鸳鸯鲍鱼”美誉。

美味的桂洲四基大头菜（梁惠贞供图）

“均安拆鱼羹”则是顺德菜妙在家常的生动诠释。将鱼细火慢烹、剔尽鱼刺、拆去鱼肉，制作成家中小孩、长辈放心啖食、易于消化的鱼糜，其中的温情与细腻，尽显寻常人家的淡静烟火色。所谓“人间烟火味，最抚凡人心”，大概就是一碗拆鱼羹。

三、妙物巧烹

（一）苦学成才

一代又一代顺德厨师成为国内外多家顶尖酒店的行政总厨，名震江湖，推动粤菜成为国内外名菜。诸如中华人民共和国第一个国宾馆——上海锦江饭店行政总厨肖良初、北京饭店御厨康辉、广州粤菜状元、北园酒家大厨黎和，香港十大名厨之首、金陵酒家行政总厨梁敬等。此外，还有大批功力深厚的“扫地僧”在顺德压阵，擦亮顺德“厨师之乡”的招牌，如桥珠饭店三杰（温新、朱兆、潘豪），“凤城四大奇人”之一、“大良软炒王”龙华，勒流永乐大酒家主厨“神圣二”罗二等。

1949年前，清晖园在招聘家厨时要举行严格考试，应试者须即席做三道菜。第一道是“生炒排骨”，要求把仅有的3件排骨炒得里外俱熟而不过火；第二道是“上汤浸鸡”，要求皮爽、肉滑、骨红、肉离骨；第三道是“清蒸鲈鱼”，做到鱼皮不裂开，用筷子从鱼背鳍处插入，往尾部一划，鱼肉全部离骨。

（二）花样百出　百味为真

食客口味越是刁钻，越能考验厨师技艺。顺德厨师以最擅长的手法去发挥不同部位或物料的最佳味道，即使边角下水之物也能妙用无遗，如煎焗鱼肠、清蒸鲮鱼鼻、鲍汁柚皮、红烧猪大肠头。他们凭借一双巧手，令本是弃若敝帚的物料亦能脱胎换骨，物尽其用，味得其所。他们坚守道法自然，对食材一视同仁，对技法一丝不苟，以求做出最正宗的顺德味。

鱼塘公焖鱼讲究“哪熟吃哪，一熟即食”。清代美食家李渔说：“鱼之至味在鲜，而鲜之至味，又只在初熟离釜之片刻。”顺德人把鱼“初熟离釜”的时间缩到最短，堪称吃鲜的极致。近年新创的桑拿鸡、桑拿鱼，是顺德厨师对烹饪用料毫厘不爽、用时分秒必争的极致呈现。鸡、鱼活宰，去骨起片，隔水“桑拿”，用仅熟则鲜。

精美的拆鱼羹（顺德喜来登酒店供图）

古人饮食讲究时令——“春吃花、夏吃叶、秋吃果、冬吃根”，不时不食。然而，顺德人却不受此限制。原因是一则顺德厨师擅扬长避短，妙物巧烹。二则顺德四季如春、物产丰富，如千年花乡陈村常年鲜花竞妍，以花入馔，可从年头食至年尾。顺德厨师能用木棉花、玫瑰、茉莉、菊花、荷花、夜香花、剑花、桂花以及各种蔬菜瓜果的花制作菜肴，用花露酒调味，用花瓣做菜品的装饰点缀，百花争艳、百味齐香的花宴，色、香、味、形俱佳，实令人垂涎欲滴。

鲜辣的咖喱蟹为吃惯清淡佳肴的顺德人增添一份来自异域的惊喜。融汇各方口味，正是顺德菜的特征（味空间供图）

第三节
经典美食

每一家店都有招牌菜，每一种滋味皆有说法。至2021年，顺德共有43位“中国烹饪大师”、27位“中国烹饪名师”、20位“食在广东钻石名厨”、130位“顺德名厨”；共有“顺德名菜”“食在广东钻石名菜”超过100道，有11种地方小吃入选“中华名小吃”。

一、名菜式

（一）原汁原味　追求极致

“世界美食之都”的一个评判标准：拥有工业时代科技进步情况下依然存留的当地烹饪诀窍、方式和方法。顺德美食既有千年深厚饮食文化积淀加持，更独具岭南水乡悠长意蕴，且同一原料做法多样各具特色，令人吃后生出“恨不生为顺德人”之感。

顺德菜讲究材料新鲜、原汁原味，注重清淡鲜甜，不喜浓烈的咸酸辛辣。顺德人对菜肴最直接的判断标准是“鸡有鸡味，鱼有鱼味”。“百鱼百味”，顺德厨师对鱼情有独钟——尽水中之所获，煎炒焖焗、汤羹油炸凉拌，手法巧，刀工劲，火候足，吃法淋漓尽致而不失精巧，群英荟萃，各领风骚。

精美的鱼腐（顺德区厨师协会供图）

不同鱼类可以做出不同的菜

式；同一鱼类也能做出多种口味。鲩鱼做成松子鱼则鱼肉酥脆而酸甜可口；做成菊花鱼生则更讲究刀工、制法以及调料的组成搭配，被誉为“吃鱼的最高境界”。鳙鱼（大头鱼）鱼肉嫩滑清甜，是桑拿鱼的首选。鱼塘公炆鱼、煎焗大鱼嘴更因火候十足、别具风味成为顺德酒楼热销菜式。至于鲮鱼之鲜，更势不可挡。坊间极言“最远去过省城，最靓食过土鲮”。最知名的菜式包括乐从鱼腐、均安鱼饼、酿鲮鱼、豆豉蒸鲮鱼鼻、钵仔蒸鱼肠等。而最令顺德人垂涎欲滴的莫过于腊鱼干，寒冬腊月里，一两块鲮鱼干，白饭也能吃得齿颊留香。顺德厨师能以鲮鱼做出百款菜式，并不夸张。

（二）社会互动促进厨艺提升

“无鸡不成宴”，以鸡入菜，是顺德厨师的拿手好戏。凤城四杯鸡、凤城蜜软鸡、凤城纸包鸡、桶子油鸡、花雕煀鸡等，无一不令人食欲大振。

1997年，顺德举办美食大赛，共有32家酒楼参赛，参赛菜式69个、点心19个。共评出良野鸡卷拼锅贴牛奶、菩提雪衣上素、一品海参、顺德鱼腐、均安煎鱼饼、肘子鸡炖勾翅、秘制网鲍、金榜牛奶炒龙虾球、原个南瓜蒸肉排等多款顺德金牌名菜，以及荷包莲花酥、三星鱼皮饺、鸳鸯榴莲酥、玲珑爽卷、金牌餐包5款金牌美点。此外，还有19款优胜奖菜式和5款优胜奖美点。顺德区博物馆美食展馆是顺德首个美食展馆，所展菜式是众望所归的佳肴，其中包括煎焗（大）鱼嘴、家乡酿鲮鱼、顺德拆鱼羹、顺德鱼生、顺德蒸鱼等极具岭南水乡特色的传统菜式，以及野鸡卷拼炒牛奶、凤城四杯鸡、均安蒸猪、脆皮烧鹅等顺

炸牛奶（顺德区厨师协会供图）

德传统名菜。

其中，炒牛奶被列入别处所无[①]的顺德名菜，是中国烹饪软炒法的典型菜例。

2020年，由中共顺德区委宣传部启动“凤厨珍味·顺德名菜评选”活动，共评选出30道顺德必吃名菜。此外，至少有40道各大酒楼热卖菜式，均口碑出众，获奖累累。2021年，顺德区厨师协会还曾梳理再现26道顺德失传名菜式。

二、名小吃

小吃因其可随时随手张嘴而吃，一直是顺德人最温暖的记忆和最难忘的童年味道，如大良细妹牛杂、北滘碧江虾仔云吞面、黄连钵仔糕、龙眼炸猪肉、桂洲四基大头菜粒。

甘香酥脆的鸡仔饼（伍桂楚供图）

① 摘自1928年《越华报》刊登的文章《凤城食谱》。

然而，顺德人从未因其“小”而小看它，反倒是不做则已，做就做到极致。因此，明代诞生于乡间的伦教糕曾风行扬州、上海、广州，被一代文豪鲁迅实名点赞，如今更名扬远近，2021年被评为“地理标志保护产品”；清代出品的陈村粉，今天仍食客盈门，更推陈出新，食法多样；至于大良蹦砂、南乳花生，一直是外地游客与海外侨胞念念不忘的手信；而甜嫩润滑的双皮奶，更有“未吃双皮奶，未算到顺德”之美誉，因慕其美名寻味顺德者络绎不绝。

这些体现顺德人点石成金、化腐朽为神奇的生活智慧的名小吃，是解读顺德历史文化，领略顺德人温和、雅淡性情的切入点。

表5-1　30道必吃顺德菜

序号	菜名	制作单位	备注
1	凤城蜜软鸡	富萌餐饮	1956年获评广州市名菜
2	招牌豆豉鹅	凤庭酒家	
3	渔村招牌黑鲍鱼	顺德渔村（华侨城店）	
4	顺德栋企鸡	根哥美食范沙邨	
5	筛箕三味鱼	广东顺德龙帝餐饮服务有限公司	
6	黑松露笋壳骨香炒球	伦教珍宝酒楼（东普店）	
7	雪花牛肋骨	聚福山庄（北滘店）	
8	无骨边鱼	顺德渔村（北滘店）	
9	南国檀香骨	北滘果然居酒家	
10	八宝扣水鱼	北滘果然居酒家	
11	青龙吐珠	碧禾缘酒家	
12	八宝冬瓜盅	芦塘美食店	
13	手撕乳鸽配如意吉祥	绿欣餐饮有限公司	
14	鱼韵风味	华美达酒店	
15	招牌红烧乳鸽	美鸽天下	

续表

序号	菜名	制作单位	备注
16	松子鱼	岳步聚英楼饭店	
17	飘香豆豉鹅	洪轩饭店	
18	灌汤乳鸽	禄福山庄	
19	荷香玉带金丝球	龙江山庄	
20	杏汁焗龙虾	龙江山庄	
21	金唐香煎鳝扒	勒流金唐酒楼	
22	金沙焗虎松茸	君王酒店	
23	网油扣大鳝	杏坛新牌坊饭店	
24	霸皇香茅糯米蟹	邓滘沙饭店	
25	糯香扣肉	杏都私房菜	
26	清油泼甲鱼拼鲜鲍	珍之宝酒楼（杏坛店）	
27	柠香虾饼	聚福山庄（杏坛店）	
28	鱼头鱼卜煎焗鸡	顺德渔村（均安店）	即喜上嘉喜店
29	特色风味焗鳝球	大板桥农庄	
30	火焰鲜蚝啫白鳝	顺德人家	

表5-2　40道各大酒楼热卖菜式

序号	菜名	制作单位	备注
1	古法彭公鹅	龙的酒楼	2004年第五届中国烹饪世界大赛金奖；2005年广东烹饪名师金奖菜品
2	塘里鱼欢畅	龙的酒楼	2004年第五届中国烹饪世界大赛金奖；2006年第十六届中国厨师节暨岭南美食文化节展台优秀奖
3	燕奶金丝球	龙的酒楼	2003年佛山十大金牌菜式第一名

续表

序号	菜名	制作单位	备注
4	碧绿炒绉纱鱼卷	朗晴居海鲜酒家	2005年全国中餐技能创意大赛热菜金奖；2005年“味之素”广东旅游文化节展台金奖；2006年第十六届中国厨师节暨岭南美食文化节展台金奖
5	金汤海皇羹	朗晴居海鲜酒家	
6	翡翠带子卷	朗晴居海鲜酒家	
7	红烧妙龄乳鸽	顺德新世界万怡酒店	
8	吉列春花饼	顺德新世界万怡酒店	
9	脆皮金猪鹅肝夹	顺德喜来登酒店	
10	金蚝干捞澳洲龙虾	顺德喜来登酒店	
11	顺德菊花拆鱼羹	大良君莱酒店	
12	君莱鼓味肉	大良君莱酒店	第二届顺德岭南美食文化节“顺德金牌菜”
13	白雪影金钱	大良顺悦酒家	
14	顺悦金牌乳鸽	大良顺悦酒家	
15	花开富贵	大良顺悦酒家	即特色桂花鲈
16	南国鱼牛鲜	顺德南国园林山庄	
17	椒盐海豹蛇	顺德南国园林山庄	
18	飘香养生豆腐	喜宴融和菜饭店	
19	凤舞石锅	喜宴融和菜饭店	即石锅鸡
20	火龙鱼	百丈园大良店	即火焰鱼
21	葱油鸡	百丈园大良店	
22	香煎鳄鱼尾	新万园（有腥气都市农庄）	
23	鱼塘公鱼生	新万园（有腥气都市农庄）	
24	海盐焗无骨榕蛇	顺德七号公馆饮食有限公司	
25	香煎雪花牛肉粒	顺德七号公馆饮食有限公司	

续表

序号	菜名	制作单位	备注
26	鲜汤鱼片饺	味·空间无国界餐厅	
27	黑金蒜炖肉汁	味·空间无国界餐厅	
28	鲜花椒焗虾	味·空间无国界餐厅	
29	草莓咕噜脆肉	味力东翼西餐厅	
30	味力姜油风沙鸡	味力东翼西餐厅	
31	香煎肥牛扒	富豪西餐厅	
32	招牌蒜香鸡翼	富豪西餐厅	
33	至尊豆腐	顺德丰尔粥食	
34	黄金御翅骨	顺德丰尔粥食	
35	八珍盐焗鸡	顺德春田E度家宴	顺德名厨萧良初20世纪60年代创制的名扬国际的拿手菜
36	甘香豉酒鹅	顺德春田E度家宴	
37	虾兵虾将	聚家渔村	
38	咸水鸡	顺德大良马姐	
39	豉油鹅	顺德大良马姐	
40	菜芯远炒鱼片	顺菜（乡村鸡）饮食店	

表5-3　11道中华名小吃

序号	名小吃	知名店铺
1	大良双皮奶	民信、仁信
2	伦教糕	伦教欢姐
3	陈村粉	陈村黄但记
4	均安鱼饼	
5	大良蹦沙	李禧记
6	金榜牛乳	
7	凤城鱼皮饺	

续表

序号	名小吃	知名店铺
8	龙江煎堆	
9	南乳花生	李禧记
10	大良炸牛奶	
11	马拉糕	欢姐

表5-4　2021年顺德30道金牌小吃

序号	出品单位	小吃
1	荟厨食品有限公司	定文软心奶
2	喜万年华食品有限公司	嫁女饼
3	顺豪创亿食品有限公司	炸牛奶
4	顺德人家酒店管理有限公司	酥皮焗双皮奶
5	周大娘牛乳餐饮店	招牌凤凰奶
6	民信饮食服务有限公司	双皮奶
7	顺德香云纱园林酒店有限公司	四喜三鲜饺
8	君王酒店有限公司	蜜汁叉烧包
9	容桂根哥天天有喜饭店	家乡煎酿大肠
10	均安大板桥农庄食店	仙踪珍味
11	顺港清晖食品有限公司	酥角仔
12	容桂乐园酒家有限公司	乐园传统蛋馓
13	周大娘牛乳餐饮店	周大娘牛乳
14	容桂荣哥饮食店（芳芳鱼饼店）	顺德煎焗鱼腐
15	容桂甘泉兴茶楼	容桂手作猪仔饼
16	大良羽景韵食品加工厂（渔面）	顺德鲮鱼面
17	勒流莲溪食品店	水晶饼
18	容桂桂洲民信甜品西餐厅	椰皇双皮奶
19	连元食品有限公司	咸肉酥
20	容桂纳应堂凉茶店	纳应凉粉

续表

序号	出品单位	小吃
21	君王酒店有限公司	布拉鲜肉肠
22	荟厨食品有限公司	姜汁脆奶卷
23	广东东擎后勤有限公司	手制叉烧包
24	容桂东海一族鱼翅海鲜酒楼	东海制白糖糕
25	顺德渔村饮食集团有限公司	霸王葱油饼
26	容桂大艇餐饮店（鱼皮祥）	七彩捞鱼皮
27	面妹餐饮服务有限公司（南园面家）	南园云吞
28	怡柠食品进出口有限公司	怡柠鸡仔饼
29	粤香食品制造公司	帝王小米糕
30	东城酒楼有限公司	酥姜皮蛋糕

第四节 美食盛事

一、凤城美食节

1997年1月，顺德在大良举办首届凤城美食节，为期26天，创下饮食业日营业额的历史最高纪录。此后大良连年举办美食文化节，带动旅游硬件设施不断完善，凤城美食品牌更加响亮。

二、岭南美食文化节

2006年起，顺德连年在国庆节前后举办岭南美食文化节，主会场包括大良、北滘等镇街。岭南美食文化节期间举办岭南风味美食展、厨艺绝活表演、民间艺术巡游、啤酒嘉年华、厨艺大赛等一系列活动，令顺德美食知名度和美誉度迅速提升，美食成为顺德旅游业的重要卖点。

各类大赛的举行，培养出大批民间高手（顺德区厨师协会供图）

三、特色美食文化节

勒流、陈村等镇街，以及黄连、稔海等乡村相应推出各具特色的美食文化节，如陈村的花卉美食文化节、勒流的鳗鱼美食文化节。此外，近年各镇街更利用春节期间与迎春花市同步举办美食节。逛花市、啖美食，眼口同赏，成为顺德人与外地游客春节前的必备节目。

四、顺德私房菜大赛

在顺德，全民皆厨，人们多喜烹鱼煮菜、炒肉焗蟹，平时更相互探讨，

在顺德私房菜大赛中，均安烹饪高手罗智吉技压群雄，折得桂冠（顺德区厨师协会供图）

切磋厨艺。高手在民间，美食风气遍布各处。

为挖掘乡间美食文化、呈现精妙厨艺，自2006年起，顺德连年举办顺德私房菜大赛，以比赛形式选拔“隐形”高手，打造民间厨神，受到广大烹饪爱好者的热烈追捧。每年参赛者络绎不绝。他们在紧张、专业的大赛中锤炼技艺、积累经验，成为推动顺德美食文化与饮食产业发展的重要力量，催生更繁盛的地方饮食文化。

2009年的第四届顺德私房菜大赛中，已经76岁高龄的佛山市原副市长欧阳洪以自创的“甘香豉酒鹅”一举夺魁。这道菜后来经顺德名厨们改良，被直接命名为“市长鹅”而在顺德走俏。

五、美食外事交流

（一）奔赴世界各地　展示顺德美食

多年来，顺德名厨奔赴世界各地，参加各种美食制作技艺大赛，与各地名厨同台竞赛，以精湛手艺、低调风格、多样创新令佳肴香飘远近、名闻海外。

中法名厨交流（顺德区厨师协会供图）

2006年，顺德名厨参加中央电视台擂台赛，技高艺精令人拍案叫绝。2014年10月18日，6位顺德名厨参加“南番顺·港澳台名厨精英会”。何有亮调制的汤羹“鲜夏·三花粗粮羹”、关永忠和罗志斌烹制的主菜“爽秋·玉叶黄金甲”“香秋·龙王抱太子”、黄冠超制作的甜品“甜冬·果香双皮奶”获得至尊大奖；欧阳广业制作的头盘“清春·麒麟金柚皮”、何盛良制作的主食“暖冬·脆皮糯米球”获金奖。顺德队揽获“主教山”团队奖。

2014年10月23日，顺德名厨连庚明、王福坚应邀随佛山市人大代表团到澳大利亚昆士兰州进行访问。在澳大利亚昆士兰州旅游及活动推广局举行的中澳厨师挑战赛中，连、王两位名厨并获“昆士兰最受欢迎厨师”称号。2018年，5位顺德名厨出征第12届亚洲名厨精英荟，勇夺3金2银，更获得一项最佳搭配奖。5位参赛选手根据大会参赛要求，精心烹制菜式，七彩鳗鱼柳、蟹肉炒牛奶、石榴鸡等，全部亮相竞技台。

（二）互相交流切磋　加深文化认识

近10年，顺德名厨常组团奔赴各国，将一身技艺展现在不同国家的美食平台上，将顺德美食文化与当代精神通过一羹一调、一鱼一菜渗透到不同的美食空间中。

2010年，欧阳叶伟和林潮带队赴英国进行美食交流。2010年，罗福南、何锦标、麦盛洪、孔庆聪4位名厨赴法国参加“中国美食周（顺德·凤城）”。2012年，何锦标、马澄根两位名厨随团赴马来西亚开展“顺德美食之夜”专场推广。2012年6月1日，马来西亚UCSI大学顺峰烹饪学院在吉隆坡挂牌成立，成为中国在海外成立的第一个烹饪学院，被媒体誉为“烹饪界的孔子学院”。2013年，何锦标、何君勉、马澄根、苏全点4位名厨赴澳大利亚悉尼献艺“顺德美食节”。2014年8月31日，在澳门万豪轩酒家“2014顺德美食同善夜·名厨演味慈善晚会”上，罗福南等10位顺德名厨与澳门名厨精心烹制12道顺德美食佳肴。

2019年，6位顺德名厨应邀出席在法国巴黎举办的第二届“法国中国美食节”，并现场制作出神入化的龙虾炒牛奶、清淡开胃的香麻云耳手撕鸡、甜蜜香浓的粤式蜜汁叉烧、鲜美滋补的野菌生拆鱼茸羹、可口的点心竹炭小天鹅、甜美爽滑的杨枝甘露等。

3位名厨林潮带、马澄根、何锦标赴日本参与厨艺交流（顺德区厨师协会供图）

第五节
美食图鉴

人间烟火味，最抚凡人心。在顺德，这样的烟火味至少可以分为两缕：一缕是乡村院落老宅土灶炊烟袅袅的温情脉脉；另一缕是美食街、美食集聚区以人气积淀和优良出品加持的浓烈厚重。

至2021年，顺德共有“中华餐饮名店”36家、“食在广东钻石名店”21家、“世界美食之都顺德美食示范店”50家。

一、地道美食街

集餐饮、娱乐、休闲于一体的华侨城曲水湾美食区（顺德欢乐海岸PLUS供图）

在顺德，几乎每个镇街都有一条美食街，多则二三条，如大良鉴海路美食街、延年路食街、伦教永丰风情食街、北滘南昌路食街、龙江集北美食街等。

酒香不怕巷子深。其实，除了成行成市的美食街，顺德乡村美食因其土灶明火、选料天然、味道地道，散落在乡村深处而更令人向往。

顺德有9家餐厅入选“佛山乡村旅游粤菜美食示范点”，分布在北滘（德云居）、杏坛（水乡人家私房菜）、大良（顺德毋记餐饮、远雯鸿饮食店）、勒流（大头华烧腊店、阿多私房菜馆、年丰楼私房菜馆）、龙江（合意来饮食）、伦教（香江饭店）6个镇街。

二、知名美食集聚区

顺德美食渗入到顺德各个产业，相得益彰。各镇街商业综合体几乎都设有专营饮食业的楼层，如大良的华侨城曲水湾美食区、大信新都会、大融城、万达广场，容桂的天佑城等，汇集数十乃至上百家优质餐饮商户，荟萃顺德地道美食、国际美馔及全国各地的特色佳肴，使食客共品美食佳肴，亲尝千滋百味。

此外，均安的蒸猪、勒流的鳗鱼、左滩的河鲜、陈村的花卉、大良的特色农庄、杏坛的田园美食等亦以特色形成美食集聚区，引领各方饕餮慕名而来。

2018年，顺德区文化广电旅游体育局印发《顺德区餐饮集聚区建设工作方案（2019—2021年）》，大力推进建设4个大型餐饮集聚区。

2021年，顺德华侨城与大良街道办依托旧寨、苏岗资源，共建“寻味顺德”特色小镇。勒流黄连正打造厨师展示馆，充分展示“食在广州、厨出凤城、味在勒流”的精髓。

一直挖掘与推广地方美食的德云居

表5-5 顺德4个大型餐饮集聚区

序号	属地	餐饮集聚区名称	地址	集聚区特色
1	大良街道	曲水湾美食街	顺德华侨城欢乐海岸	以顺德美食为核心，荟萃世界各地的佳肴美馔、音乐风情的酒吧街及创意市集等元素
2	容桂街道	容桂粤菜美食集聚区	滨河路、渔人码头、旧马路、凤翔北路一带	利用容桂时光项目的历史文化旅游底蕴，滨河路定位酒吧轻餐一条街，渔人码头定位特色美食园区，旧马路定位特色小吃（非物质文化遗产）街，凤翔北路在原有餐饮底蕴上提升
3	北滘镇	北滘粤菜美食集聚区	北滘镇碧江村	以顺德传统美食为基础，结合碧江村历史文化底蕴，建设传统美食街
4	佛山中德工业服务区管委会顺德片区	潭洲会展中心粤菜美食集聚区	潭洲会展中心附近	依托潭洲国际会展中心及周边商业建筑群体，以顺德美食为主要元素，引进国内外餐饮品牌企业，建成以商务休闲为功能的美食集聚区

表5-6　顺德区“中华餐饮名店”

序号	店名	地址
1	皇帝酒店	大良街道锦龙路118号
2	欢姐伦教糕（伦教总店）	伦教街道北海大道北50号
3	新君悦国际酒店	陈村镇佛陈路东延线1号
4	荔园酒家	乐从镇跃进路新时代商业楼5楼
5	黄但记	陈村镇景明路18号
6	星福酒家	伦教街道霞石福星大道
7	名宴海鲜酒家	伦教街道大福广场
8	源兴海鲜酒家	容桂街道红旗中路18—22号
9	味可道美食坊	容桂街道福基路1号
10	大快活酒楼	容桂街道容里宝西路33号天富来国际商业城
11	哥顿酒店休闲会所	容桂街道容桂大道中38号之二
12	人人酒店	龙江镇苏溪大道北口
13	龙江山庄	龙江镇龙洲西路出口侧150米
14	宏图海鲜酒家	勒流街道城西路
15	勒流东海海鲜酒家	勒流街道西安亭大桥侧
16	东城酒楼	大良街道东乐路东城花园
17	龙的酒楼	大良街道近良居委会近良路15号
18	顺峰山庄	大良街道105国道顺峰山路段
19	禄福山庄	龙江镇沙富食街碧桂园豪庭旁边
20	东海合意来	龙江镇顺番公路东海村
21	大良御膳粥	大良街道新桂南路21号名峰华府21号
22	东逸湾海鲜酒店	容桂街道小黄圃外环路东逸湾
23	太艮堡毋米粥	大良街道锦龙路270号
24	东海一族鱼翅海鲜酒楼	容桂街道港前路5号
25	聚福山庄（大良店）	大良街道新桂南路湖景花园会所
26	顺德渔村（大良总店）	大良街道金桂花园枫林路1号

续表

序号	店名	地址
27	大良南记海鲜酒家	大良街道五坊广源路6号
28	龙悦湾酒家	容桂街道桥西路2号（容奇大桥南岸侧）
29	猪肉婆私房菜（容桂总店）	容桂街道细滘展业路31号
30	君王酒店	勒流街道百安路与龙洲路交会处
31	香江饭店	伦教街道人民路食街3号铺
32	喜来登酒店	大良街道德胜中路11号
33	福盈酒店	大良街道环市北路61号
34	南悦海鲜舫	陈村镇南涌社区
35	日盛世濠渔港（龙凤呈祥店）	龙江镇丰华北路9号
36	南国渔村	北滘镇人昌路12号岭南和园

表5-7 佛山市粤菜名店

序号	店名	地址
1	6号花园（华侨城店）	大良街道逢沙欢乐大道欢乐海岸广场11栋
2	聚福山庄（北滘店）	北滘镇广珠公路与林上南路交叉口
3	坚记酒家（广碧路店）	北滘镇广碧路38号
4	华盈酒楼（陈村店）	陈村镇环镇路充美8号
5	欢姐伦教糕（伦教总店）	伦教街道北海大道北50号
6	周大娘牛乳店	大良街道吉村海和路北坊中街左7巷2号
7	大板桥农庄	均安镇南浦村均荷路
8	新君悦国际酒店	陈村镇佛陈路东延线1号
9	一壶私房菜	容桂街道文海西路15号
10	珍之宝酒楼（伦教店）	伦教街道常教居委会宁新路西1号
11	德云居	北滘镇碧江德云街29号（近汀涌桥）
12	公交饭店	陈村镇新圩中山公园旁
13	荔园酒家	乐从镇跃进路新时代商业楼5楼

续表

序号	店名	地址
14	名宴海鲜酒家	伦教街道大福广场
15	味可道美食坊	容桂街道福基路1号
16	大快活酒楼	容桂街道容里昌宝西路33号天富来国际工业城（三期）19座首层
17	哥顿休闲会所	容桂街道容桂大道中38号之二
18	人人酒店	龙江镇苏溪大道北道口
19	龙江山庄	龙江镇龙洲西路出口侧150米
20	龙的酒楼	大良街道近良居委会近良路15号
21	顺风顺水顺景私房菜	大良街道永怡乐路7巷1号（近良市场斜对面）
22	东海一族鱼翅海鲜酒楼	容桂街道港前路5号
23	大良御膳粥	大良街道新桂南路21号名峰华府21号
24	有腥气私房菜	大良街道鉴海南路美食城C座17-20号铺
25	东海合意来	龙江镇顺番公路东海村
26	聚福山庄（大良店）	大良街道新桂南路湖景花苑会所
27	太艮堡毋米粥	大良街道锦龙路270号
28	禄福山庄	龙江镇沙富食街碧桂园豪庭旁边
29	君王酒店	勒流街道百安路与龙洲路交会处
30	朗晴居海鲜酒楼	大良街道环市北路38号福盈酒店旁
31	凤城酒家	大良街道近良滨河路1号顺德岭南风情美食展示中心1号楼A铺首层之一
32	味可道宴荟	容桂街道容桂大道中2号泰安大厦3楼
33	顺德渔村	大良街道金桂花园枫林路1号
34	顺德人家	大良街道太艮路11号黄金商业广场2楼
35	香云纱园林酒家	大良街道清晖路25号3、4楼
36	香江饭店	伦教街道人民路食街3号铺

表5-8 顺德网红打卡店

序号	店名	地址
1	漫manba	大良街道嘉信城市广场
2	Manado	大良街道同辉路二街1号（幸福百货对面）
3	LIGHT UP（大良店）	大良街道新桂中路南12号
4	超大声咖啡公司	容桂街道滨河路容桂街道办事处东风居委会聚安一楼4号
5	Aroha	容桂街道容新社区容新路十座101号之二
6	七夕·夏花园式轻餐	容桂街道祈璟苑西南35号
7	珠记钵仔糕	勒流街道建设中路51号
8	大头华烧鹅	勒流街道黄连萧地大马路
9	好运茶餐厅	勒流街道登科路光裕农贸市场1号铺
10	NINE COFFEE	伦教街道文明西路2号
11	陈嘉嘉果茶	伦教街道荔景南路3号景雅居B座首层26号铺位
12	品香排骨饭	伦教街道羊观大道1号（雄记烧鹅）
13	碧禾缘主题餐厅	北滘镇碧江泰兴大街1号
14	四季缘园林私房菜	北滘镇西滘五坊大道10号
15	野猪林新派私房菜	北滘镇林头村南村大道北7号
16	Mixsome cafe2.0觅心	乐从镇腾冲细海北路65号商业楼6号铺
17	臻品和园私房菜	乐从镇平步社区荣花街2号
18	罗浮宫索菲特酒店乐吧	乐从镇河滨南路3号罗浮宫索菲特酒店11楼
19	亚来亚毅	龙江镇左滩村海旁街1号
20	甘莲海鲜	龙江镇甘竹大道左滩村商业街6号
21	草原碳烤羊腿	龙江镇仙塘美食街13号（腾佳百货对面）
22	黄但记陈村粉食府	陈村镇桥南路1、2号铺
23	萃芳园酒楼	陈村镇文登路庄头村
24	老街坊火锅店	陈村镇南涌社区居委会南边路39号
25	御煌金牌煲仔饭	杏坛镇新齐宁路西13号
26	誉约小馆	杏坛镇河北五路北10号
27	万胜食店	均安镇星福大路十街20号
28	大水车公馆	均安镇沙头物业2号（均安美食示范街）

参考文献

[1] 顺德市地方志办公室. 顺德县志[M]. 广州：中山大学出版社，1993.

[2] 顺德地情资料[Z]. 1992—2006.

[3] 佛山市顺德区地方志办公室. 顺德年鉴（2003—2020）[M]. 广州：广东经济出版社，2003—2020.

[4] 李健明. 顺德经济史话[M]. 广州：广东人民出版社，2019.

[5] 谭元亨，刘小妮. 顺德乡镇企业史话[M]. 北京：人民出版社，2007.

[6] 刘小珍. 顺德产业转型模式探析[J]. 学理论，2013（2）:84—85.

[7] 叶青. 浅谈顺德糖厂的发展历程[J]. 艺术科技，2016（1）:155.

[8] 樊荣强. 2002顺德家电蓝皮书——顺德家电产业发展报告[Z].

[9] 赵越，罗湛贤. 顺德家电：从一台风扇开始的广东制造业传奇.（2019-08-19）[2022-01-22]. [OL] http://big5.xinhuanet.com/gate/big5/www.gd.xinhuanet.com/newscenter/2019-08/19/c_1124891097.htm.

[10] 王承强，齐英杰，颜良. 顺德伦教木工机械制造业形成与发展的历史回顾[J]. 林业机械与木工设备，2004（7）:7—9.

[11] 黄澄献，王世彪，邵姮，等. 顺德十镇街各显神通 探索出一个个成功的改造案例[N].珠江商报，2019-12-31.

[12] 刘泰山. 顺德：为高质量发展腾空间（庆祝改革开放40年·百城百县百企调研行）[N].人民日报，2018-11-27.

后　记

顺德旅游资源丰富，却一直未曾进行系统梳理与呈现，故难以建立彼此相呼应的资源体系，形成文化合力，推动顺德旅游资源转化为经济与文化力量。

通过文本形式去呈现顺德文化旅游资源，是全域旅游推进的基础。本书力求全方位收集和梳理散落顺德各处的文化信息，为日后这些信息的市场开发与利用提供背景支撑。

在整个编写过程中，我们得到了不同部门的大力支持与帮助。顺德区文化广电旅游体育局领导为本书指明了正确的方向，令本书的推进流畅快速。我们在采访过程中得到了企业、个人的大力支持，包括顺德酒厂、顺德区历史文化研究会、顺德区厨师协会、各镇文体旅游办公室等单位或组织。没有他们的专业信息与指引，本书断不可能如此顺利地推进与完成。在此向以上单位和个人表示衷心的感谢！

编　者

2022年7月8日